José Trindade Santos

PARA LER PLATÃO

*O problema do saber
nos diálogos sobre a teoria das formas*

Tomo II

Edições Loyola

COLEÇÃO ESTUDOS PLATÔNICOS

DIRETOR: Marcelo Perine (PUC-SP, Brasil)

CONSELHO EDITORIAL:
Elisabetta Cattanei (Univ. Cagliari, Itália)
José Gabriel Trindade Santos (UFPB, Brasil)
Marcelo P. Marques (UFMG, Brasil)
Maura Iglésias (PUC-Rio, Brasil)
Raúl Gutiérrez (PUC, Peru)
Samuel Scolnicov (Univ. Hebraica de Jerusalém)
Thomas Robinson (Univ. Toronto, Canadá)

PREPARAÇÃO: Maurício B. Leal
REVISÃO: Cristina Peres
PROJETO GRÁFICO: Maurélio Barbosa
DIAGRAMAÇÃO: Flávio Santana
CAPA: Viviane Bueno
LOGO DA COLEÇÃO: Maurélio Barbosa

Edições Loyola
Rua 1822 n° 347 — Ipiranga
04216-000 São Paulo, SP
Caixa Postal 42.335 — 04218-970 — São Paulo, SP
(11) 2914-1922
(11) 2063-4275
Home page e vendas: www.loyola.com.br
Editorial: loyola@loyola.com.br
Vendas: vendas@loyola.com.br

Todos os direitos reservados. Nenhuma parte desta obra pode ser reproduzida ou transmitida por qualquer forma e/ou quaisquer meios (eletrônico ou mecânico, incluindo fotocópia e gravação) ou arquivada em qualquer sistema ou banco de dados sem permissão escrita da Editora.

ISBN: 978-85-15-03591-5

© EDIÇÕES LOYOLA, São Paulo, Brasil, 2008

SUMÁRIO

PREFÁCIO 11

INTRODUÇÃO. A concepção platônica da cognição 13

    Problemas da proposta 13

    A questão do saber 14

    Saber e conhecimento 15

    Pensamento e linguagem 17

    Problemas 19

    Conclusão 20

CAPÍTULO PRIMEIRO. A teoria da anamnese 23

    Anamnese no *Mênon* 23

    Anamnese no *Fédon* 25

        Análise esquemática do argumento 25

        Aprofundamento da análise 29

    O *Mênon* revisitado 35

Anamnese no *Mênon* e no *Fédon* 40
Anamnese no *Fedro* 42
   O *Fedro* e a anamnese platônica 48
Beleza, Amor e Saber no *Lísis*, no
Banquete e no *Fedro* 50
Anamnese no *Filebo* 51
A anamnese no pensamento platônico 52
   Futuro da anamnese 55

CAPÍTULO SEGUNDO. A teoria das Formas 59
Formas no *Fédon* 60
   Argumento da oposição da alma ao corpo .. 60
   Argumento da anamnese 62
   Síntese dos dois argumentos 62
   Interlúdio: a alma-harmonia 64
   O argumento final I 65
      1. AS INVESTIGAÇÕES NATURALISTAS 65
      2. ANAXÁGORAS: O ESPÍRITO E O BEM 66
      3. A "SEGUNDA NAVEGAÇÃO" 67
   O argumento final II 70
      1. MÉTODO HIPOTÉTICO: HIPÓTESE
         DAS FORMAS 70
      2. PARTICIPAÇÃO 71
      3. RESPOSTA ÀS CRÍTICAS ANTERIORES
         (96D-97B) 71
      4. AS GRANDEZAS RELACIONAIS 72
      5. OS UNIVERSAIS CONCRETOS: FOGO
         E NEVE (103C-E) 73
      6. OS NÚMEROS (103E-105C) 74
Formas na *República* 75
   Livro V 75
      1. OS DOIS "AMADORES DE ESPETÁCULOS" .. 76

- 2. As três "competências" 77
- 3. As multiplicidades que "são e não são" 78
- 4. A "fusão" das leituras de einai na República V 80
- 5. Pode-se falar de uma teoria das Formas? 82

Livro VI 83
- 1. O Bem 83
- 2. Analogia do Sol 84
- 3. Analogia da Linha 85

Livro VII 86
- 1. Alegoria da Caverna 86
- 2. Currículo das "disciplinas propedêuticas da dialética" 87
- 3. A dialética 88

Livro X 90

Formas no *Fedro* 92

Formas no *Banquete* 93

Formas no *Timeu* 95
- As Formas como modelo 96
- As Formas no relato da criação 98
  - 1. Formas nas obras da Inteligência (30c-46c) 98
    - 1.1. O "terceiro homem" 99
    - 1.2. O Ser, o Mesmo, o Outro 99
    - 1.3. As quatro Formas dos seres vivos 99
  - 2. Formas nas obras da Necessidade (46c ss.) 100
    - 2.1. As "causas auxiliares" (synaitiai: 46c ss.) 100
    - 2.2. A "região" (chôra: 51d-52d) 101
    - 2.3. A "ama do devir" (52d ss.) 103

APÊNDICE I	106
Formas no *Mênon*	106
Formas no *Eutífron*	108
Formas no *Crátilo*	109
APÊNDICE II O verbo "ser" e a ontologia platônica	111
Parmênides	111
Platão	115
Bibliografia	117
Índice onomástico	123

Prefácio

O presente estudo constitui o segundo tomo de um trabalho de síntese intitulado *Para ler Platão*. Trata-se de uma tentativa de abordagem da ontoepistemologia platônica, focada nas "teorias" da Reminiscência e das Formas, cada uma das quais ocupa uma parte da obra. Um e outro tópicos são sucessivamente examinados em cada um dos diálogos em que são referidos.

Por esse motivo, o trabalho presta-se a ser lido pelas perspectivas complementares de cada diálogo e de cada tópico, o que lhe permite ser utilizado como obra de consulta sobre o tópico específico, no diálogo referido. As divisões capitulares são relativamente breves, concentrando-se em seções do texto bem determinadas. Essa concentração dispensa a necessidade de um índice analítico dos passos citados, bastando para consulta o índice geral.

Ocasionalmente, a interpretação proposta regressa a obras e passos antes focados, reavaliando-os à luz dos dados introduzidos pelo diálogo, ou diálogos, nesse momento em apreço. Essa leitura "retroativa" presta-se a um estudo aprofundado dos diálogos, que só no plano dramático devem ser lidos seqüencialmente. É inevitável que, no regresso a diálogos antes abordados, ocorram repetições. Mas estas procuram sempre trazer algo de novo em relação ao que já foi dito.

Os capítulos são suficientemente indicativos das questões tratadas. Porém, a divisão por um asterisco (*) no seu interior sinaliza a passagem do plano da leitura do texto platônico ao do seu comentário.

A rigor, o presente estudo não aspira a ser tomado como uma interpretação dos diálogos, devendo ser tomado como um roteiro, cuja finalidade é ajudar o público dos estudantes e estudiosos dos diálogos a mobilizarem esforços *para ler Platão.*

José Trindade Santos

INTRODUÇÃO

A concepção platônica da cognição

Problemas da proposta

Esta obra propõe uma interpretação unitária da teoria do conhecimento exposta por Platão nos diálogos, integrando numa única concepção abrangente as diversas teorias com alcance cognitivo, nomeadamente as da "Reminiscência" e das "Formas" (TF). A circunstância de esta empresa ser discutível e em certos pontos polêmica obriga a uma justificação.

É consensual considerar platônicas teorias como as da "Anamnese" (ou "Reminiscência"; usaremos um ou outro termo indiferentemente), das "Formas", da "Participação", do "Amor", bem como atribuir ao filósofo uma ou mais concepções de "Dialética" a estas associada. Todos reconhecem que essas concepções filosóficas se apóiam na elaboração de mitos e crenças correntes entre os gregos, como as da "transmigração das almas", condensados num "fundo cultural e religioso" que os diálogos descrevem e exploram.

Será, porém, em vão que esperaremos que este consenso se alargue à unificação dessas distintas "teorias" — como tal consideradas apenas por motivos didáticos — numa concepção filosófica unificadora do "conhecimento". Com razão, muitos recusarão considerar "filosóficos" os mitos acima referidos e muitos mais contestarão o direito de elaborar dados, colhidos em contextos dialógicos muito diversos, numa teorização unitária da atividade cognitiva.

Platão não compôs *uma obra* filosófica, mas um conjunto de diálogos, nos quais são debatidas teses que não podem ser-lhe com segurança atribuídas. Se não há dúvida de que os diálogos são obra de Platão, não há fundamento para defender que qualquer tese neles exposta represente um pensamento autêntico, que o filósofo nunca reconheceu como "seu". Faltam também razões que justifiquem retirar argumentos e teorias de seus contextos originais e combinar arbitrariamente uns com os outros, tratando-os como elementos de uma teoria unitária.

Concedendo que essas objeções são bem fundadas, há, contudo, boas razões para conferir à síntese das teorias acima apontadas o estatuto de uma concepção do conhecimento. Por um lado, a crítica de Aristóteles a Platão não deixa de lhe reconhecer essa dignidade. Por outro, são muitos os sinais da persistência na tradição de um traço apriorístico na cognição, que por vias muito diversas remonta ao platonismo.

Poderemos, portanto, aceitar a proposta se esta provar não apenas ser fiel aos textos e proporcionar meios que permitam a sua avaliação crítica (traduções, referências, citações, confronto com outras leituras etc.), mas também for informativa, abrangente e suportada com consistência. Passemos, portanto, à exposição das linhas gerais que a suportam.

A questão do saber

É indisputável que, encarada como problema, a questão do conhecimento atravessa todo o *Corpus* platônico. No grupo dos diálogos chamados "socráticos", vemo-la subsumida no debate sobre o saber. Os interlocutores sucessivamente convocados para dialogarem com Sócrates assumem, com graus variáveis de consciência, a posição de sábios (ou "sabedores": *sophoi*). Nos diálogos, são tratados como personalidades públicas, socialmente reconhecidas como detentoras de uma certa aptidão "profissional", que lhes confere capacidade para a ensinar a outros.

Sofistas, generais, adivinhos, rapsodos, oradores, ou simplesmente jovens em busca de instrução, aceitam submeter-se ao teste do valor do seu saber. À pergunta "O que é?" — feita direta ou indiretamente —, apresentam uma resposta — um *logos* — cujos méritos serão avaliados pela refutação a que a submete Sócrates.

O pressuposto forte desta metodologia é o de que o saber infalível e a ignorância são os dois únicos estados cognitivos possíveis. Havendo essas duas únicas alternativas, o sucesso da refutação prova a ignorância do respondente e a invalidade de suas pretensões a saber, bastando a sobrevivência ao teste como prova temporária de sua capacidade.

Se não levarmos em conta os recursos heurísticos e pedagógicos desta metodologia — só visíveis numa leitura aprofundada dos argumentos —, é evidente seu carácter *ad hoc*. O teste pronuncia-se mais sobre a consistência dos interrogados do que sobre o valor de verdade das respostas que dão.

No plano dramático, o confronto oral que opõe os interlocutores, finamente recortado nos textos, revela o contexto agonístico dos debates. Trata-se de exibições públicas que nunca poderiam constituir investigações sobre um tópico definido. No entanto, sua elaboração pela escrita confere-lhes a unidade e a articulação interna que permitem não só perceber a coerência do método aplicado, como seguir o desenvolvimento de argumentos elaborados. Seja como for, sua contribuição cognitiva é limitada.

Saber e conhecimento

Esta situação altera-se bruscamente no diálogo *Mênon* com a introdução da perspectiva da reminiscência. Depois de dez páginas de aplicação de um *elenchos* robustecido com definições paradigmáticas e relevantes comentários pedagógicos, o "diálogo com o escravo" exemplifica a aplicação de um interrogatório demonstrativo da reminiscência.

Mas é no metadiálogo com Mênon, que o avalia e comenta, que o método da pergunta e resposta se liberta do contexto epistêmico dos confrontos elênticos para desenvolver uma abordagem cognitiva. O interrogatório a que é submetido o escravo — uma criança não instruída, porém capaz de falar e entender grego — visa levá-lo a expressar opiniões próprias, pressupondo que estas poderão ser susceptíveis de serem elaboradas como saber.

A avaliação retroativa do *elenchos* com Mênon por esta fortíssima tese evidencia a completa superação dos limites impostos pelo contexto agonístico dos debates. O novo método busca assumidamente mostrar como o conhecimento pode ser produzido e transmitido, instituindo uma relação formal de ensino–aprendizagem.

Para que isso seja possível, há, primeiro, que se encarar todas as respostas dadas como opiniões próprias do interlocutor, consideradas *autênticas*. Só depois, as opiniões tidas por *verdadeiras* poderão vir a ser sistematizadas num saber estruturado, já destituído da aura inatingível que a exigência de infalibilidade lhe conferia.

Esta plataforma sintética da metodologia do *elenchos* e da temática da virtude torna possível estruturar o grupo dos diálogos sobre a TF, a despeito de a diversidade de seus contextos dialéticos não tornar visível a unidade temática e metodológica do grupo.

Pelo contrário, em comparação com a obra elênctica, saltam aos olhos as diferenças estilísticas. Não só a pergunta "O que é?" deixou de comandar os diálogos de Sócrates, como os seus interlocutores não são mais submetidos à repetição esquemática da refutação antilógica. O método da pergunta e resposta passou a servir declaradamente à investigação unitária de um tópico específico, através da montagem de argumentos distintos e autônomos. Por outro lado, o fundo dramático em que o diálogo é inserido reforça a unidade textual da narrativa.

Acima de tudo, as obras que compõem o grupo já não obedecem estritamente à forma canônica — introdução dramática → formulação da questão → diálogos 1 → 2 → 3 → ... n → aporia final —, para se constituírem como investigações que focam um tema central (no qual a questão do conhecimento pode ocupar uma posição subsidiária).

Podemos dividi-las em dois subgrupos, à margem dos quais se situam duas obras separadas. O primeiro será o dos diálogos em que o contexto doxástico da investigação é mais evidente, que serão os mais valiosos para uma abordagem cognitivista: além do *Mênon*, a *República* V-VII, X e, noutro contexto, o *Teeteto*.

A perspectiva doxástica é complementada pelo *Fédon*, diálogo inteiramente dedicado ao problema de como o saber se manifesta na alma, possibilitando o conhecimento. O outro sub-grupo é constituído pelos diálogos *Banquete* e *Fedro*, que se entregam à descrição do suporte mítico, religioso e cultural da concepção de saber, focada, no plano pessoal, na "teoria platônica do amor".

Na margem do grupo estão o *Timeu*, que enquadra a questão do saber numa síntese que funde a abordagem mítico-religiosa na tentativa de esboço de uma Filosofia da Natureza, e o *Crátilo*, que se concentra no debate de duas teorias opostas — a naturalista e a convencionalista — sobre a origem dos nomes.

Em todas essas obras, embora só nas primeiras desempenhe função relevante como momento do processo cognitivo, a opinião não deixa de estar presente. Representada pelo *logos*, vale como resposta dada a uma questão ou como expressão coloquial do pensamento das personagens. Então é comandada pelos verbos *oimai, dokeô,* ou *noeô* ("creio", "julgo", "penso"), sem nunca ser propriamente encarada como meio para a aquisição do saber.

Todos esses diálogos também combinam as duas "teorias" que, explicitamente no *Mênon*, no *Fédon* e no *Fedro*, condensam a proposta platônica de síntese das duas abordagens paralelas da cognição: o saber e o conhecimento (um e outro expressos pelas mesmas famílias de termos: os substantivos *epistêmê*, *gnôsis* e *sophia* e os verbos *epistamai*, *gignôskô*, *eidenai*).

A tese que o presente estudo propõe, para muitos discutível e não fundada nos textos, é a de que essas "teorias" se acham intimamente fundidas, por serem indissociáveis uma da outra. Implica ela que, independentemente de uma, outra, ou ambas se manifestarem nos diálogos, *as teorias da anamnese e das Formas são aspectos complementares da concepção unitária de saber que se estende ao grupo de diálogos estudados.*

Significa esta tese que a função da anamnese é explicar como o saber promove e organiza a aquisição de conhecimento a partir de estruturas ontoepistemológicas — as Formas —, das quais as almas humanas "se alimentavam" enquanto se moviam desencarnadas no mundo "hiperurâneo".

Caídas neste mundo sensível, no qual se acham encerradas em corpos, as almas devem obedecer a dois tipos de imperativos: epistêmicos e éticos. Embora os primeiros sejam os mais importantes, os segundos enunciam-se com maior facilidade. Devem as almas dedicar suas existências terrenas ao exercício de recuperação da memória da contemplação das Formas, ao qual propriamente se chama "reminiscência". Só a imposição à vida deste ideal possibilita uma existência virtuosa tanto no domínio individual e privado da ética, quanto no universo comunitário e público da atividade política.

Quanto aos imperativos epistêmicos, devem as almas compreender que também a aquisição do saber só é possível mediante a reminiscência. Essa prática deve ser levada a cabo na oralidade, através do método de pergunta e resposta, com a expressa rejeição de todas as tentativas de explicação do mundo exterior, ao qual a alma tem acesso exclusivo pela sensibilidade.

É nessa prática que consiste a "dialética", disciplina que culmina o movimento ascendente da alma, através da diversidade das operações cognitivas e da aprendizagem das disciplinas propedêuticas a elas associadas, começando pela observação das imagens sensíveis e culminando na contemplação das Formas inteligíveis.

Pensamento e linguagem

Admitindo que o projeto da anamnese ficou bem delineado, caberá então mostrar como funciona na prática. A teoria garante que a imutabilidade e perfeição dos conceitos captados pelo pensamento constitui prova bastante da sua origem inteligível, uma vez que todas as naturezas sensíveis exibem caráter deveniente e imperfeito (como se constata pela impossibilidade de haver consenso sobre elas). A percepção de qualquer sensível basta para confirmar este princípio.

A reminiscência propriamente dita consiste então no procedimento pelo qual a alma busca recuperar a perfeição da forma inteligível, captada pelo conceito, através do exercício da dialética. Para tal é mister reconhecer que o acesso ao saber infalível das Formas é proporcionado mais pela linguagem que pela observação da realidade exterior.

Qualquer termo representativo de uma natureza qualquer, comum a uma diversidade de indivíduos homônimos, refere, portanto, uma Forma. Conseqüentemente, o exercício de sua recuperação inteligível deve começar pela pergunta acerca da natureza dessa entidade, na forma habitual "O que é X?".

Aceitando esse princípio, a totalidade dos recursos consentidos pelo discurso e expressos na fala do cotidiano, cada nome comum a uma pluralidade de seres ou de ações, poderá ser uma porta aberta ao inteligível. E esta poderá ser franqueada se cada tentativa de resposta à pergunta "O que é?" por meio de um *logos*, uma "definição" — formalmente, uma proposição, materialmente, uma opinião —, puder ser integrada num argumento coerente e consistente.

A reminiscência é o processo dialético pelo qual cada opinião, uma vez asseverada a sua autenticidade — a necessária associação a uma crença íntima do interlocutor —, se deixa sistematizar num conjunto coerente e consistente de proposições a que aquele dará o seu assentimento. O ideal da infalibilidade, puramente projetivo, é atingido quando a completude do sistema de proposições associadas for evidente.

Finalmente, a complexidade e abrangência da hipótese começam a tornar-se patentes quando, acima dos nomes comuns a seres que povoam este mundo — "cavalo", "mesa", "abelha" —, o questionamento se orienta para os de propriedades — "igual", "justo", "bom", "belo" — e daí se eleva a propriedades de propriedades: o ser ou a verdade.

Comum a toda a estratégia é a garantia de a pergunta sobre a natureza da entidade buscada — aquilo que ele é — ter resposta. Resposta que resulta da possibilidade de inserção na linguagem corrente do termo que refere a entidade buscada: o seu "nome".

A pergunta que coroa toda a pesquisa é a que se dirige ao verbo "ser", voltando a pergunta "O que é?" sobre si própria: "O que é 'é'?" ou "Qual é a natureza de 'O que é' (a *ousia*)?". É nesse momento que o saber como que ganha consciência de si como conhecimento, começando a questionar-se a si próprio filosoficamente.

Problemas

O funcionamento da teoria pode ser descrito através de uma dupla analogia, que com significativas variações se mantém válida desde Parmênides, ao longo da filosofia clássica e helenística. Assim como a linguagem expressa o pensamento, este capta a realidade (veja-se o primeiro parágrafo do *Da interpretação*, de Aristóteles). Os problemas começam quando qualquer das concepções de saber tenta mostrar como a informação é transferida de cada um aos outros braços da analogia.

Como Aristóteles sublinha nos *Segundos analíticos* (B19), na tradição grega, a singularidade da teoria platônica do conhecimento reside na invocação de uma forma de cognição superior — a reminiscência — para responder à pergunta sobre o modo como o pensamento capta a realidade. As entidades que a linguagem refere — as Formas — são aquelas mesmas que constituem o pensamento, entendido como o movimento próprio da alma racional. Até o cosmo foi construído, tal como as almas dos deuses e dos mortais, por um demiurgo que usou as Formas como modelo (*Timeu*).

Mas o envolvimento da realidade com o pensamento e a linguagem provoca em cada pensador da tradição grega uma cadeia de problemas. Já nos diálogos Platão manifesta consciência das dificuldades da TF. Concentrado nos problemas patenteados pelo segundo braço da analogia — o modo como o pensamento capta a realidade —, este grupo de diálogos coincide na associação da chamada "teoria da participação" à dialética, visando, por um lado, mostrar como as Formas causam e explicam a realidade sensível e, por outro, como podem elas próprias ser objeto de investigação.

Mas é difícil compreender como as Formas imutáveis podem "causar e explicar" os seres que povoam este mundo, o próprio mundo até, cuja natureza sensível se acha envolvida num processo em constante mutação. A pergunta estende-se à natureza das propriedades, transmitidas pelas Formas imutáveis e recebidas por suas cópias sensíveis.

Em suma, a maior dificuldade reside no dilema da incompatibilidade da identidade com a predicação. Como pode alguma coisa que "é o que é" mudar, recebendo sucessivamente predicados contrários. Apresentam-se duas alternativas: ou a natureza do sujeito contém os predicados, e a predicação se dissolve na identidade, sendo a mudança impossível; ou os predicados são diferentes do sujeito, e este, ao acolher a mudança, perde a identidade.

É para resolvê-lo que Platão propõe a TF instituindo o dualismo que ontoepistemologicamente opõe o inteligível ao sensível, superando-o através da dialética, a partir da reminiscência das Formas. Mas a resolução do problema passa pela linguagem e pelo reconhecimento da ambiguidade do verbo "ser", logo, da fusão de seus vários sentidos não só na unidade abrangente da entidade cujo nome é "Ser", mas também em cada entidade "que é".

A tese da polissemia do ser assenta, portanto, na defesa da convergência na noção de "Forma" das principais leituras do verbo "ser". São filosoficamente relevantes as leituras "identitativa" (aquilo que ela é), "predicativa" (as propriedades que exemplifica e transmite), "veritativa" (sua autenticidade; aquilo que só ela "verdadeiramente é"), e "existencial" (o que ela é, em si e por si, independentemente de sua relação com o Todo que a integra).

Conclusão

A construção teórica acima delineada é conhecida como a "versão canónica da TF". É suportada pela correspondência da unidade ontoepistemológica do ser à unidade semântica e à ambiguidade do verbo "ser". A coincidência nas Formas das quatro leituras de "ser" acima apontadas é necessária para assegurar a estabilidade e a racionalidade do real. Corresponde-lhe no sensível a suspensão dos sentidos identitativo e veritativo de "ser", a par da legitimação das leituras predicativa e existencial: pode conceder-se existência e predicação aos sensíveis, desde que lhes seja negada identidade e verdade.

Mas a teoria não se mostra capaz de resolver todos os problemas resultantes da defesa do dualismo. É contra eles que Platão investe com êxito nos diálogos críticos: o grupo formado em torno de *Parmênides*, *Teeteto*, *Sofista*, *Político*.

Subsiste, porém, o mais grave de todos os problemas que minam a coerência da abordagem dualista. Pois não é possível aceitar que as Formas, enquanto entidades, existam, como sujeitos de predicação, podendo simultaneamente funcionar como predicados paradigmáticos. Aos olhos da lógica binária, a dificuldade é insuperável e fundamenta as críticas que Aristóteles desfere sobre a TF, que reclamam nada menos que a sua erradicação como teoria cognitiva. Mas não dispomos de dados que nos permitam sequer imaginar como poderia ser superada pela lógica relacional do *Sofista*.

Não é possível perceber as razões que levaram Aristóteles a concentrar sua crítica do platonismo nos fragmentos da TF a que amiúde se refere, com particular desconsideração das inovações introduzidas, principalmente, pelo *Teeteto* e pelo *Sofista,* quase como se não tivesse havido Platão fora da versão canônica da TF.

Esse seu silêncio sobre o "último Platão" poderia ser hoje visto como uma grande falta, se a completa reformulação do platonismo que o Estagirita levou a cabo não partisse diretamente da TF, mostrando-se de todo estranho aos desenvolvimentos lógicos dos diálogos críticos.

José Trindade Santos
Universidade Federal da Paraíba – CNPq
Centro de Filosofia da Universidade de Lisboa

CAPÍTULO PRIMEIRO

A teoria da anamnese

Anamnese no *Mênon*

A análise do diálogo com o escravo, no *Mênon*, tinha nos deixado uma questão por resolver: saber exatamente o que é que o rapaz é levado a recordar ao longo de sua conversa com Sócrates. Na introdução histórica[1] ao diálogo com o escravo (80e-81e), o filósofo refere uma crença antiga sobre a imortalidade da alma e o conhecimento que esta tem de "tudo"[2], devido ao fato de ter "uma origem comum com toda a natureza" (*tês physeôs apasês syngenous ousês:* 81c-d). É daí que resulta a teoria[3] segundo a qual "aprender é recordar" (81d).

---

1. Ver as importantes observações de L. BRISSON sobre o fundo religioso da anamnese, em La réminiscence dans le *Mênon* (80e-81e) et son arrière plan réligieux, bem como o esclarecedor debate que se lhe segue, in José Trindade SANTOS (org.), *Anamnese e saber*, Lisboa, 1998, 23-61. É oportuno advertir que a este aspecto da questão não será aqui prestada qualquer atenção. A idéia de que a alma passa por sucessivas reencarnações será referida a propósito do *Fédon* e do *Fedro*, e a questão da imortalidade analisada em capítulo separado, dedicado ao tema da alma.
2. Há dúvidas sobre a leitura da frase "e viu tanto aqui como no Hades todas as coisas" (81c), além do sentido deste "todas as coisas". A leitura aqui adotada é a de que as Formas são o referente dos vários "tudo" e "todas as coisas" que aparecem no passo (81c-d).
3. O termo "teoria" traduz o grego *logos* e não implica, por si só, uma estrutura argumentativa ou demonstrativa autônoma (ver *Mên.* 81a, *Féd.* 72e). Todavia, a alegação de "uma única recordação" fazer a alma recordar "todas as outras" não pode deixar de implicar uma estrutura unificadora de tudo o que há para recordar. Cremos ser esta característica "estru-

Mais adiante, no primeiro trecho do metadiálogo[4] com Mênon (82e), depois da primeira resposta errada do rapaz, Sócrates convida-o a "ver como ele [o escravo] recorda, como deve recordar". E, no segundo (84a-d), depois da declaração da aporia, que note quanto "ele já caminhou no recordar".

Esta observação poderia apenas querer garantir o apoio de Mênon à defesa socrática do benefício da aporia, conseqüência do fato de o rapaz chegar a:
1) saber que não sabe (84a);
2) portanto, "se achar melhor acerca da questão [*pragma*: 84b] que ignorava";
3) sendo "a partir desta aporia que vai descobrir algo, investigando comigo [Sócrates]" (84c).

Todavia, logo a seguir o filósofo refere-se às "opiniões" que o rapaz vai avançar (84d) e, depois da resolução do problema, às opiniões que ele "respondeu de si" (85b), que "estavam nele" (85c), e, generalizando, que "naquele que não sabe, sobre aquilo que não sabe, estão nele opiniões verdadeiras acerca disso" (85c). São essas opiniões, que "vêm à tona nele como num sonho", que poderão se transformar em saber (85c-d).

Torna-se inevitável concluir, a partir desses passos, que aquilo que se recorda são opiniões, ou se manifesta nessa forma, sendo delas que provém o saber. A conclusão, porém, não é isenta de problemas, pois aqui somos forçados a distinguir as próprias opiniões daquilo *sobre que* são e do *modo como* se manifestam, o que nos leva a ampliar a abordagem do tema a outras obras. Essas simples observações mostram que só pelo que encontramos no *Mênon* nunca chegaríamos a ter uma idéia da natureza da anamnese e da função que desempenha na concepção platônica de saber.

Mas o aspecto mais ilusório do *Mênon* acha-se no projeto inflacionista que alimenta. A obscura teoria segundo a qual "a alma" conhece "tudo", sendo capaz de "recordá-lo", através da emissão de "opiniões verdadeiras", vai recorrer nos diálogos sobre a teoria das Formas, para explodir numa girândola de aporias no *Teeteto*.

---

tural" do saber, expressa no encadeamento das noções, que a metáfora da reminiscência pretende salientar. Notem-se, na confrontação da opinião verdadeira com o saber, as remissões a esta característica: o "encadeamento" (*desmos*: 98a) e o "raciocínio explicativo" (ou "cálculo da causa": 98a).

4. Com este termo pretendemos reforçar o sentido crítico dos comentários ao diálogo com o escravo dirigidos por Sócrates a Mênon. Trata-se de um diálogo sobre outro diálogo.

Os problemas são tantos e tão sérios que há quem defenda ter Platão, na trilogia *Teeteto–Sofista–Político,* "a partir" do *Parmênides*, abandonado a anamnese e a teoria das Formas[5].

Anamnese no *Fédon*

Como se trata de um argumento extremamente difícil, começaremos por apresentar uma leitura esquemática dele, que complementaremos com uma análise aprofundada de suas premissas mais difíceis de entender. É sobre sua articulação que construiremos a interpretação aqui apresentada.

Análise esquemática do argumento

O argumento da anamnese situa-se, no *Fédon*, no momento em que as reflexões de Sócrates, tendo atingido a compreensão do funcionamento do sensível, na sua totalidade, se encaminham para o inteligível[6]. O argumento é introduzido por um interlocutor que o apresenta em circunstâncias que dão a entender tratar-se de uma teoria bem conhecida do círculo dos freqüentadores de Sócrates[7]. Na forma comprimida em que geralmente são expostas, ou reportadas, as teorias "ouvidas", da tese enunciada são deduzidas três implicações associadas:
1. Se "aprender é recordar",
2. então o que recordamos aprendemo-lo antes de nascer;

---

5. Ver os influentes estudos de G. RYLE associados ao *Parmênides* e ao *Teeteto*: Plato's *Parmenides*, in R. E. ALLEN (ed.), *Studies in Plato's Metaphysics*, London, 1965, 97-148; Logical Atomism in Plato's *Theaetetus*, *Phronesis* 35 (1990) 21-46.

6. Sintetizando os tópicos abordados nos dois argumentos anteriores: 1) aquele que estabelece a oposição do corpo à alma (64c-66a), com as implicações éticas daí retiradas; 2) aquele que caracteriza o sensível pela presença dos contrários num ciclo (70c-72e).

7. Levar à letra a afirmação de que o Sócrates histórico traria "constantemente à baila" a teoria da anamnese implica pensar que Platão a teria ouvido da boca de seu mestre. Ora, nos diálogos chamados "socráticos" não achamos qualquer referência a essa teoria, embora neles nada a contradiga. Não nos parece que o fato implique encontrarmo-nos *com certeza* diante de uma concepção platônica. Mas não podemos deixar de atribuir a Platão a responsabilidade pela construção da teoria que vemos desenvolvida em diversos diálogos. Recorremos à tradução de M. T. Schiappa de Azevedo, *Platão, Fédon*, Coimbra, 1988, assinalando as pequenas modificações eventualmente introduzidas.

3. portanto, a alma existia antes de encarnar na forma humana (o que parece implicar a sua imortalidade).

A própria tese pode justificar-se com o apelo à prática do interrogatório, em termos em quase tudo concordantes com os do "diálogo com o escravo"[8]. Todavia, como Símias não se mostra muito convencido, torna-se necessário lembrá-lo[9]. Sócrates começa então por estipular a condição para que haja reminiscência de alguma coisa: que alguém "deva ter conhecido antes aquilo [de que se recorda]" (73c; *vide* 74e), havendo anamnese "quando o saber se manifesta deste modo" (74c).

E explica que ocorre uma reminiscência quando alguém percepciona algo e não só *conhece o que percepciona*, mas ainda "tem outra coisa em mente, que não é o mesmo saber, mas outro" (73c). E sobretudo "quando alguém experimenta isto com coisas que se esqueceram devido ao tempo e tê-las perdido" (73e).

É o que acontece, por exemplo, quando alguém que percepciona uma peça de roupa, ou um instrumento musical, se recorda da pessoa a quem pertencem. Ou ainda quando se considera qualquer representação que naturalmente evoca aquilo mesmo que representa, ou algo associado (73d-e).

Em todos esses casos, a reminiscência produz-se a partir tanto de semelhantes como de dessemelhantes (74a), levantando-se ainda, no primeiro caso, a possibilidade de se considerar "se há ou não falhas na semelhança" (74a).

Esta importante ressalva serve para introduzir o exemplo dos iguais. Atentando na igualdade, não a de dois troncos de madeira, ou de duas pedras iguais,

---

8. Mas há relevantes diferenças nos contextos dialéticos, patentes nas finalidades diversas da apresentação do argumento. Enquanto no *Mênon* o objetivo de Sócrates é demonstrar que todos os homens têm em si "o saber e a opinião verdadeira" (ver *Féd.* 73a) acerca das coisas que não sabem, no *Fédon* Sócrates concentra-se no objeto da anamnese e na função por ela desempenhada no conhecimento, para chegar à compreensão da natureza da alma. Nesse sentido, os dois argumentos complementam-se.

9. A resposta é irônica. Uma vez que Símias nunca se exercitou na reminiscência, para o convencer bastará levá-lo a recordar-se. Assim, a prova valeria duplamente, pois não só demonstraria a teoria como, pelo fato de ser recordada por Símias, ainda constituiria um exemplo de si própria, proporcionando ao tebano o "exercício" de que carece. De resto, o fato de Sócrates não insistir no caráter demonstrativo do argumento (é Símias que com veemência lho concede no final: 76e-77a) pode justificar-se pelo fato de, ao contrário do que se passa no *Mênon*, Sócrates não ter feito qualquer esforço para demonstrar que o seu interlocutor "respondeu tudo de si mesmo", pois nem sequer lhe são pedidas opiniões, mas apenas o assentimento requerido para o exercício da metodologia de investigação.

mas a do próprio Igual, pergunta Sócrates a Símias: "Afirmaremos que existe ou não?"[10].

Símias responde que o afirma e que o conhece "de modo espantoso"[11]. Põem-se, então, encadeadas umas nas outras, as grandes perguntas. Primeira: "De onde veio esse conhecimento?" Segunda: "Terá sido a partir da igualdade sensível?" Terceira: "Podem então as duas igualdades equivaler-se?".

A primeira pergunta vem respondida logo a seguir a ter sido feita (74b). Sugere Sócrates, sem dar tempo à resposta, que veio da observação das pedras e dos troncos iguais. Mas vai logo acrescentando que se trata de "... uma realidade distinta", pois não ocorre com as igualdades sensíveis o que nunca acontece com a inteligível: "parecerem..."[12] "por vezes iguais aos olhos de uns e não aos de outros?" (74b-c).

---

10. Traduzindo à letra o grego: "Diremos ser algo, ou nada?" ou: "... que existe ou não?". Tal como cinco linhas antes: "... dizemos, de alguma maneira, que o igual é alguma coisa", ou "... que existe algo igual?". As duas traduções perguntam exatamente o mesmo, porém de formas diferentes. Esta dirige-se à realidade da entidade em causa; a outra, à sua existência. Há uma diferença e não pode deixar de ter significativas conseqüências filosóficas. Acontece que os gregos não dispunham, como nós, de um verbo próprio para dizer "existir". Recorriam a "ser" (*einai*), no qual se acumulavam três ou quatro sentidos filosoficamente relevantes: 1) predicativo, como em "João é bom"; 2) identitativo, como em "o bom é bom"; 3) existencial, como em "o bem existe"; 4) veritativo, como em "é!", no sentido de "é verdade". Ora, a afirmação de que "algo existe...", a afirmação da existência de algo, envolve complexos problemas filosóficos. A questão reside em saber se há sentido em envolver neles a argumentação do *Fédon*. Responderemos que não, *na medida em que aí nunca se afirmam propriamente existências,* como defenderemos adiante. Neste sentido, a tradução existencial será admissível, todavia *com a condição de se ter entendido que não cancela as outras.*

11. Esta resposta de Símias tem algo de surpreendente, pois todo o argumento parece dirigir-se a um interlocutor para quem a única igualdade é a dos sensíveis (ver N. P. White, Plato's Metaphysical Epistemology, in *The Cambridge Companion to Plato,* Cambridge, 1992, 277-310, esp. 281). Mas o aparente paradoxo dissolve-se se encaramos o argumento como um exercício destinado a fortalecer uma convicção não racionalmente justificada (cuja finalidade é, de resto, outra).

12. David Bostock, Plato on Understanding Language, in Stephen Everson (ed.), *Language,* Cambridge, 10-24, apresenta outra tradução deste *phainetai,* a de "são vistos (como) iguais" (11), desenvolvendo o argumento em outro sentido. Os iguais sensíveis são vistos como iguais quando comparados uns com os outros, mas como desiguais quando comparados com outros sensíveis. Ou seja, são simultaneamente iguais e desiguais. Pelo contrário, o Igual inteligível é o único exemplar perfeito da igualdade. O mérito desta interpretação é afastar as implicações ontológicas do argumento, que, como veremos, são inescapáveis em todas as outras leituras.

Acontece. E daí resulta não poderem equivaler-se as duas espécies de iguais, a despeito de "... ser a partir de igualdades desse tipo" que o igual em si é concebido e dele se toma conhecimento (74c).

A observação indica que nos encontramos perante casos de reminiscência. A percepção de dois iguais sensíveis provoca a reminiscência do Igual inteligível, considerada saber (74c-d). Surge então a quarta pergunta. Acham-se as duas igualdades no mesmo plano? Ou a primeira "carece de algo", ou seja, falta-lhe qualquer coisa, para se identificar com ela (74d)?

Conclui-se que até "carece muito", e, apesar de "aspirar a identificar-se com ela", "lhe fica bastante aquém" (74d-e). E por que senão pelo fato de apenas "parecer", enquanto a outra "é" (igual)? É esta a razão invocada para explicar que deveremos ter da primeira igualdade um conhecimento anterior (74e-75b).

E o argumento encaminha-se para a conclusão, sustentando duas teses aparentemente incompatíveis, asseveradas de vários pontos de vista, repetidas vezes:
1. o conhecimento do igual em si é anterior e superior àquele que conseguimos pela experiência sensorial (74e-75a);
2. apesar de não poder ter se formado em nós a não ser por intermédio do sensível (75a-c passim).

Essas duas proposições são, por assim dizer, tornadas compatíveis pelas conclusões parciais estabelecidas ao longo do argumento:
1.1. A inferioridade do igual sensível é atestada pela diversidade de posições que suscita, em diferentes sujeitos ou ocasiões (74b).
2.1. A sua "carência", ou "aspiração a identificar-se" com o inteligível resultará da "semelhança" ou "proximidade" (*apo touto, eplêsiadzen*: 76a), que liga as duas noções (por ora não explorada de alguma maneira, e expressa por 1 e 2 acima).

Ora, o que se passa com o Igual passa-se também com "... todas as realidades desse tipo" (75c-d), daí resultando termos conhecimento delas antes de nascermos. Conhecimento que podemos conservar, e isso é "saber", ou deixar escapar, e isso é "esquecer" (75d). Finalmente: "aprender" é "recuperar com o auxílio dos sentidos..." "um conhecimento que nos é próprio". E é a isso que se chama "reminiscência" (75e).

Todo este complexo processo é resumido e apontado a uma alternativa: ou sempre conhecemos todas estas realidades, ou as aprendemos, recordando (76a).

Símias mostra-se incapaz de decidir entre elas. Sócrates ensaia então a passagem por outra porta: "O homem que conhece é ou não capaz de dar uma explicação daquilo que conhece?"[13] (76b).

Sim, sem dúvida. Mas ninguém sabe, logo todos os homens são capazes de recordar[14] (76b-c). Daí resulta que as almas só devem ter adquirido o saber *antes* de nascerem (valendo a segunda alternativa apontada acima). A conclusão inevitável é a da *existência* anterior e sapiente da alma (76c). E, depois de uma pequena escaramuça sem importância, o argumento chega ao fim, não sem uma última síntese, conducente à conclusão.

Tal como as Formas *existem*, assim também a alma, antes de nascermos. A *existência* necessária das duas ordens de entidades é finalmente apresentada como a dupla condição sobre a qual repousa todo o argumento (76d-e). Símias não só concorda como reforça o que foi dito nos mais fortes termos de que dispõe[15].

Aprofundamento da análise

Este argumento põe-nos muitas dificuldades e de ordens distintas. Para compreendê-lo, primeiro há que separar os diferentes estádios por que passa sua apresentação. Só então poderemos desembaraçar o fio do raciocínio das muitas repetições, dos inúmeros saltos e retrocessos que afetam sua exposição.

---

13. Este é um daqueles passos dos diálogos que, pelo seu poder abrangente, ganham o valor emblemático de quase-definições. E é, de fato, uma tentação definir o saber como a capacidade de "dar uma explicação" (*logon didonai*). O que implica esta capacidade? A tradução portuguesa não faz jus à clareza do grego. "Dar uma explicação" não é mais do que "responder com um *logos*", ou simplesmente apresentar como resposta à pergunta "O que é?" uma definição que diz isso mesmo: *o que é* aquilo de cuja natureza se pergunta (ver *Mênon* 71b). Responder, portanto — mas talvez um pouco mais —, ser capaz de sobreviver a qualquer tentativa de refutação, é o que satisfaz a estipulação de Sócrates. Será afinal nessa irrefutabilidade que reside a característica distintiva do saber grego, na qual Platão não se cansará de insistir.

14. Custa a entender como pode o não-saber qualificar alguém para ser capaz de recordar. Na realidade, não qualifica, em absoluto. O que está aqui em causa é a alternativa entre saber e não-saber (76a-b). Não sabe; *portanto*, se aprende, é porque recorda!

15. É neste passo que as dificuldades provocadas pela noção de "existência" se manifestam de forma aparentemente incontornável. Mas não será assim. O argumento não afirma a existência *necessária* das Formas ou da alma, separadamente. Sustenta apenas que, *se as Formas são (o que são), então é forçoso que a alma seja também (ou "exista")*.

Executadas essas tarefas, há por fim que isolar os pontos mais obscuros, dos quais depende a compreensão do seu sentido[16].

O argumento começa por uma introdução (72e-74a) cuja finalidade é explicar o que é a anamnese. Depois de ter dado uma idéia geral da teoria e estabelecido a condição que deve observar — ter-se conhecido antes aquilo que depois se recorda (72e-73c) —, Sócrates propõe uma analogia. O que ocorre com o fenômeno psicológico da associação é o que se passa no plano metafísico da reminiscência. Em ambos os casos, um fato cognitivo A, que consiste numa percepção atual, provoca a manifestação na mente, sem intervenção exterior, de um fato cognitivo B, de natureza de início não especificada, necessariamente ocorrido num momento anterior.

Uma percepção inicial conduz a um complexo não analisado, constituído por uma ou diversas percepções passadas, não discriminadas, e talvez a algo mais. É o que ocorre nos casos de percepção de uma lira, de um manto ou dos vários retratos concretos. Todos estes provocam não tanto percepções específicas quanto "recordações" *dos referentes*[17] de uma ou muitas percepções passadas.

Inicialmente, a consideração das naturezas dos dois fatos é irrelevante — uns são "semelhantes", outros "dessemelhantes" —, importando apenas caracterizar todos os casos como reminiscência (74a). Dos exemplos fornecidos, o único caso de semelhança ocorre entre o retrato de Símias e o próprio Símias (73e). Este serve apenas para introduzir um novo aspecto, que se revelará capital no argumento: o da "diferença" na semelhança que distingue e separa o percepcionado do recordado (de 74a ao final).

Concluída esta primeira fase, passa-se à segunda (74a-75d), na qual são estabelecidas as premissas capitais do argumento. A primeira inicia-se com a comparação dos paus e das pedras iguais com o Igual em si (74a). Garantida a aceitação desse Igual por Símias (74a-b), que avaliza a presença do conhecimento (ou "saber": *epistêmen*) do Igual, nele, emerge o primeiro problema. Sócrates

---

16. Para uma análise minuciosa do argumento, ver G. Casertano, Anamnesi, Idea e Nome, in *Anamnese e saber,* 109-172. Ver ainda J. T. Santos, A função da alma na percepção, nos diálogos platônicos, *Hypnos* 13, São Paulo (2004) 27-38; *Sujeito epistêmico, sujeito psíquico, Princípios* 11, n°s 15-16, Natal 2004, 65-82.

17. O uso da noção de referência é técnica no *Fédon*, embora não coincida exatamente com a que Frege introduziu, sendo expressa pelo verbo grego *anapherô*. Fala-se de referência em dois sentidos: 1) para apontar para a entidade recordada; 2) para caracterizar a relação que une o percepcionado ao recordado (particularmente nos casos em que são semelhantes: ver ainda a "associação" do percepcionado e do recordado em 76a).

inquire acerca da origem desse conhecimento (74b), encadeando mais três perguntas na inicial:
2. O conhecimento do Igual deriva da visão dos iguais?
3. [este Igual] é "diferente destes" (os iguais)?
4. ou não parece (a Símias) ser diferente?

Sem deixar responder, Sócrates sugere a comparação dos dois tipos de iguais, da qual resulta a constatação da "superioridade"[18] do Igual aos iguais, justificada pela possibilidade de discordância acerca da igualdade destes[19]. O fato de esta discordância se mostrar impossível no caso do Igual (74b-e) constitui prova da "carência" (74d-e) dos iguais em relação a ele.

Estabelecida então a inidentidade (*ou tauton*: 74c) dos dois tipos de iguais, Sócrates desdobra a primeira pergunta (74b) em duas, inquirindo acerca da origem de cada um deles. Chega assim a conclusões aparentemente contraditórias, pois, tendo mostrado que o Igual se "capta e concebe na mente", "a partir destes" (*ek toutôn*: os iguais — 74c), ainda conclui ser o "conhecimento" do Igual necessariamente "anterior" no tempo (*proeidota, proeidenai*: 74e) ao dos iguais. Mas reafirma ser a partir deles que, pelo exercício da sensibilidade, é concebido ("entrou na mente"[20]: *ennenoekenai* — 75a) o Igual.

Ensaiemos uma recapitulação a partir deste ponto:
1. É pelos sentidos que o Igual entra na mente (75a);

---

18. Primeiro, é o conhecimento dos iguais que é "mais grosseiro" (*phauloteron*: 74e, 75b) e "carece" (*endei*: 74d); depois são estes que são "mais deficientes" ou "carentes" (*endeestera*: 74e, 75b). Esta característica introduz a diferença, aparentemente ontológica, porém, de momento, apenas epistemológica, que distingue a igualdade inteligível da sensível: o que é do que parece, o pensado do apenas percebido. É ela que explica a distinção pela diferença das "naturezas" dos dois tipos de igualdades e conseqüentemente pela diferença de estatuto da relação cognitiva: pensamento ou percepção.

19. Por parecerem por vezes iguais, por vezes desiguais, "a alguém" ou "nalguma coisa" (*tôi*: 74b). A ambigüidade da formulação permite duas leituras: ou são as mesmas pessoas que mudam de opinião em momentos distintos, ou são pessoas diferentes a sustentar diferentes opiniões. Ambas as leituras se enquadram na teoria. Mas há ainda a considerar a leitura de D. Bostock, acima apresentada.

20. O núcleo do argumento acha-se exposto nesta série de formulações verbais. O que Sócrates quer mostrar a Símias é que aquilo "que entra na mente" tinha de já se encontrar nela, pois só sendo "sabido antes" poderia vir a ser "reconhecido" e propriamente "sabido" (*eilêphotas epistêmên*: 75b; até aí, as noções apenas "entraram na mente", *ennenoêkenai, ennoêsai*: 75a). Com o percepcionado, pelo contrário, só se pode ter um contato pontual, que, por isso, muda com o tempo e com quem percepciona.

2. é pelos sentidos que devemos ter em mente a "aspiração"[21] dos iguais ao Igual, do qual são "carentes" (75a-b);
3. todos os iguais aspiram a ser como o Igual, mas são mais grosseiros que ele (75b);
4. portanto, o conhecimento do Igual é anterior ao começo do uso dos sentidos, se "referimos" (*anoisein*) a ele os iguais captados a partir das sensações (75b);
5. Este começo coincide com o nascimento (75b);
6. logo, adquirimos este conhecimento antes de nascermos e nascemos com ele (75c);
7. este conhecimento vale não só para o Igual, mas para o Maior e o Menor e todos os outros como ele[22] (75c).

A tese sobre a origem do conhecimento do Igual e a sua anterioridade no tempo, bem como as sete proposições a ela associadas, condensam os pontos capitais do argumento, dos quais dependem a sua compreensão e a sua aceitação. A fase seguinte (75d-77a) limita-se a resolver a dificuldade criada pelo momento da entrada do Igual na mente, introduzindo as premissas necessárias para a fixação do argumento, até aqui ocultas, e a avançar para a conclusão. Passemos à sua análise.

Distintos os dois tipos de iguais e estabelecidas as suas respectivas origens e as relações que os ligam, resta compreender como podem manifestar-se no homem.

A primeira dificuldade relaciona-se com a proposição 6, acima. Se nascemos com o conhecimento do Igual (e das Formas) e não o esquecemos, então sabemos ao longo da vida, pois o esquecimento não é senão a perda do conhecimento (75d). Resta então a possibilidade de perdermos à nascença esse conhecimento, que é recuperado depois pelo uso dos sentidos, chamando-se aprender à recuperação do saber e anamnese ao processo (75e).

---

21. "Querem ser como" o Igual (*bouletai einai hoion*: 74d), "desejam" (*oregetai*: 75a, b; *prothymeitai*: 75b) o Igual. Note-se que as premissas 1 e 2 são ambíguas. O Igual "entrou na mente" numa existência anterior da alma, voltando a entrar pela percepção. Os sentidos mostram corpos, mas só a mente (*nous*, em *ennoeô*) pode caracterizá-los como iguais (73c-d), consequentemente "carentes".

22. E acrescenta a Beleza, o Bem, o Justo e o Piedoso e todos aqueles, selados pela expressão "que são" (75c-d), que designamos como "Formas" e referimos pelo seu nome, começando por maiúscula (não grafado assim em grego).

Símias ainda hesita em optar entre as possibilidades de saber toda a vida ou de ir recordando esse saber esquecido com o nascimento, mas acaba por escolher a segunda alternativa (76a-d), deixando Sócrates pronto para a conclusão do argumento.

Esta decorre sem mais dificuldades de uma complexa formulação, que recapitula de novo as principais teses do argumento:
1. Se o Belo, o Bem e as outras entidades são;
2. [entidades] que descobrimos serem nossas primeiro[23];
3. e a elas "referimos" (*anapheromen*: 76d) as percepções ("as coisas provenientes das sensações");
4. e as comparamos com elas;
5. então, tal como estas existem, assim existe a nossa alma antes de nascermos.

Era esta a finalidade do argumento: demonstrar através de um argumento e não apenas afirmar, com um mito, a existência da alma antes de entrar num corpo humano (76c). Essa é, pois, a conclusão apresentada por Sócrates. Em sua resposta (76e-77a), Símias aceita-a sem restrições, reafirmando sua adesão à hipótese sobre a qual assenta todo o argumento: a da realidade[24] das Formas.

*

Mas o nosso objetivo era analisar o argumento da anamnese, no *Fédon*, em primeiro lugar para aprofundar a análise do processo cognitivo por ele proposta, depois para podermos estabelecer comparações com a análise da anamnese no *Mênon*. Para tal, teremos de regressar uma última vez ao argumento.

Como dissemos acima, as dificuldades de compreensão e aceitação do argumento concentram-se em sua segunda fase. A diferença dos dois tipos de iguais, expressa pela superioridade do Igual aos iguais, não apresenta problemas. Basta que caracterizemos a "superioridade" de uma noção pela certeza com que se impõe à mente[25] e, pelo contrário, a "carência" como a correspondente incerteza.

---

23. Ou seja, "de que tivemos conhecimento antes de nascermos". Para facilitar a leitura, dispensando-nos de traduzir o texto, invertemos a ordem das proposições 2 e 3.

24. Adiante prestaremos atenção ao complexo problema da relação entre existência e realidade.

25. Impedindo que sujeitos distintos, ou o mesmo sujeito em tempos distintos, a tomem como "sendo e não sendo" ("aquilo que é"; ou "existindo e não existindo"). Ou ainda, que essa noção designe propriamente "o que é" (de uma certa maneira), em contraposição ao que "às vezes é, às vezes não é" (D. Bostock, acima).

A primeira dificuldade reside no fato de cada um dos iguais se originar a partir do outro. O Igual "entra na mente" a partir dos iguais, tal como Símias é evocado pela visão do seu retrato. Mas só é possível *ver os iguais* — como iguais, que na verdade não são, porque "deficientes" — pelo fato de ter havido um contato anterior com o Igual, tal como só quem antes conheceu Símias é capaz de reconhecê-lo no retrato[26].

Dessas duas "anterioridades", a segunda vai se revelar de enorme importância não só para o argumento (pois é à existência anterior da alma que Sócrates quer chegar), como para a implícita explicação da atividade cognitiva, proporcionada pelo argumento.

Aceito este ponto, as sete proposições que o recapitulam não põem mais dificuldades. Particularmente relevante nos parece ser a compreensão do sentido da "aspiração" dos iguais a serem como o Igual (proposições 2 e 3: 75a-b), que parece resultar da "carência" evidenciada pelos sentidos ao verem os paus e as pedras por vezes como iguais, por vezes como não iguais.

É daqui que decorre o próximo passo difícil: o da reafirmação da anterioridade do Igual (proposição 4: 75b). Só poderemos compreender que os iguais são carentes e aspiram a ser como o Igual se o tivermos conhecido previamente. Mas há nessa pretensão dois aspectos distintos a considerar, que só em parte podemos atribuir à sensibilidade.

Vemos os paus e as pedras, mas não vemos a igualdade. Se não os víssemos, nunca poderíamos considerá-los iguais. Mas, se não conhecêssemos antes o Igual, nunca seríamos capazes de lhes atribuir a igualdade. Isto é evidente, porque a Igualdade não se pode ver, só se pode reconhecer. Como, é o que veremos mais adiante.

Das restantes proposições, apenas a última (7) é relevante para a compreensão da anamnese, estendendo às outras Formas a análise da cognição levada a cabo no *Fédon*. Mas só se perceberá a importância deste ponto nas quatro primeiras proposições expressas adiante, na conclusão do argumento (76d-e).

---

26. Se eu não vir o retrato, não me lembrarei de Símias. Se não o tiver conhecido, não poderei reconhecê-lo. O exemplo é sugestivo, mas será relevante? A operação mental a que chamamos "reconhecimento" é complexa e implica: 1) o conhecimento prévio; 2) a capacidade de "comparação" (ver 76e) de dois fatos cognitivos distintos — uma percepção atual e outra passada —, ligados pela semelhança. Todavia, ao contrário do que acontece com Símias, não é possível *ver* a Igualdade. A analogia só é aceitável se pensamos que o que Platão quer com ela é mostrar que nem o conhecimento, nem a capacidade podem se reduzir à pura sensação.

Aceita a hipótese que assevera a realidade das Formas, da qual dependem não só o argumento, mas o próprio diálogo de Sócrates com os seus interlocutores, somos compelidos a aceitar que delas temos conhecimento anterior (proposição 2: 75a-b), logo, que delas depende a própria possibilidade da cognição. E não só!

Esta é a grande tese platônica: a da "referência" (75b, 76d) necessária de todas as percepções a estas estruturas epistêmicas. São elas que condicionam qualquer possibilidade de operar sobre a sensibilidade, relacionando percepções, *comparando umas com as outras e com as Formas* (proposição 4: 76e). Mas antes disso, ainda, de *configurar percepções*[27]. Em suma, toda e qualquer possibilidade de interpretar os dados brutos da sensação[28] decorre do conhecimento anterior das Formas.

O *Mênon* revisitado

Ensaiamos agora uma reavaliação da anamnese no *Mênon*, partindo de três perguntas. A primeira é: Onde começa a anamnese? A acreditar em Sócrates[29], *começa* entre o aviso de que se vai iniciar (82e) e a confirmação de haver um caminho já percorrido (84a). Mas que poderá ter sido recordado nesta seção?

À segunda pergunta — A que opiniões verdadeiras se refere Sócrates? — responde ele próprio: aquilo que foi aprendido — a aporia —, *o saber*[30] que

---

27. Ver 73c. Pois a sensação não nos diz se aquilo que percebemos agora é o mesmo, ou é parecido ou diferente de algo que percebemos antes. Vemos o branco, não vemos o leite; nem sequer sabemos que ele *é* branco (na realidade, não *é*!). A percepção não pode nos ensinar a reconhecer o branco como leite, ou até como branco. Mas só o *Teeteto* (184-187) elucidará este ponto!

28. Só a formulação parecerá anacrônica! Nenhum outro sentido podemos atribuir ao pronome *ta* ("as coisas"), nas expressões "as coisas [iguais] nas madeiras" (74d), "as coisas provenientes das sensações" (75a-b, 75b, 76d); ver ainda "percebendo alguma coisa" (*aisthanomenon ti...*: 76a-b).

29. D. SCOTT, *Recollection and Experience,* Cambridge, 1995, 35-38, nega que o texto seja suficientemente claro para precisar "em que estágio do exame do rapaz a reminiscência começa" (36). Concordamos. Porém, na interpretação que apresentamos a seguir, a reminiscência das opiniões verdadeiras é integrada no processo global da emergência das opiniões, como em qualquer *elenchos*. A sua verdade e a sua falsidade só posteriormente, através do exame da consistência, se tornarão relevantes.

30. Sócrates não se refere a nenhum "saber". Todavia, a conclusão seguirá sem problemas se pensarmos que só o saber pode ser recordado, e que o que o rapaz aprendeu nesta seção

levou o escravo de "pensar que sabe" a "pensar que não sabe" (*ouch hêgeito aporein ... hêgeito aporein*: 84a), deixando de "julgar que sabe". Esta pergunta causa-nos maiores problemas. As "opiniões verdadeiras" devem ter começado a emergir desde o princípio do diálogo. Podemos classificá-las em três grupos, de distinta relevância para a reminiscência:
1. as simples anuências do rapaz a estipulações de Sócrates;
2. as respostas corretas às operações realizadas;
3. as que expressam uma avaliação correta dos resultados obtidos.

São estas últimas que contam, dado representarem o juízo do escravo sobre o valor das conclusões atingidas pelo seu raciocínio. Significativamente, só em 85a-b encontramos respostas positivas. Antes disso, as únicas opiniões relevantes são as que reconhecem o erro das respostas anteriores, culminando na declaração de se achar na aporia (84a).

As últimas — aquelas que resultam da aplicação do método — "... vêm à tona como num sonho" (85c[31]). A observação caracteriza a surpresa do rapaz pelo modo como, depois da aporia, as opiniões se encadeiam num raciocínio conducente ao encontro da resposta correta ao problema proposto.

A conclusão leva-nos à terceira pergunta: Como se transformam as opiniões em saber? Note-se como é agora fácil. A resposta é dada mais adiante, no diálogo: através de um "raciocínio explicativo" (98a). Mas o que significa a expressão? Decerto, o encadeamento (*desmos*: 98a) que liga as opiniões verdadeiras umas às outras, *à semelhança do que o escravo fez quando passou das respostas corretas à compreensão de ter encontrado a solução para o problema do quadrado duplo.*

---

foi que a sua resposta anterior estava errada: isso ele *sabe* agora (terá passado de *hôs eidôs* a *eidôs*: de "como se soubesse" a "sabendo"!). Mas é necessário acrescentar algo.

31. Este é o aspecto "misterioso" da anamnese, que tanta confusão pode causar. "Como num sonho" caracteriza *o modo* como as opiniões emergem no rapaz (mas, noutro contexto, ver *Rep.* V 476d). Não será tanto o caso de nenhuma opinião verdadeira poder aparecer até o momento em que, sem perceber como, inexplicavelmente começam a brotar dele. Não. Com o sonho, Sócrates poderá estar sugerindo as circunstâncias em que gradualmente as opiniões se combinam, convergindo na desejada resposta à pergunta. Já antes o rapaz fornecera opiniões verdadeiras como respostas às perguntas, mas o fez a partir da observação do desenho do quadrado. Todavia, depois que a aporia o purgou das opiniões falsas e a solução foi apontada, a investigação pôde converter-se em aprendizagem. Mas há mais sobre este sonho, como veremos adiante.

Se assim é, integrando as conclusões atingidas, o saber *resulta da sistematização das opiniões verdadeiras*, do mesmo modo que a emergência das opiniões verdadeiras resulta da sistematização das outras anteriormente expressas no diálogo[32].

Finalmente, a consideração de como Sócrates "ensina" o rapaz, de como lhe fornece as informações que lhe permitirão resolver o problema, vai levar-nos à avaliação global do processo. Considerando paradigmático[33] o diálogo com o escravo, vemos que a prática caracterizada como "ensino" por Sócrates incide essencialmente na comunicação verbal (daí a exigência do domínio da língua: 82b) entre o agente e o objeto do ensino. Em geral, esta "comunicação verbal" pode ser descrita como um processo de circulação de opiniões[34] entre um e outro.

A descrição requer ulterior clarificação, pois a repetida insistência de Sócrates reforça a sua tese capital, implicitamente expressa. *Não se pode entender o ensino como a captação passiva de opiniões fornecidas pelo agente*. Este princípio obriga-nos a configurar todo o diálogo com o escravo como o processo pelo qual a informação é *assimilada criticamente* por ele.

Em conformidade, a ação do agente decorre em dois planos complementares: no primeiro, *fornece* a informação ao paciente; no segundo, *verifica a assimilação crítica daquela*, através da apresentação de problemas.

---

32. Esta segunda posição é de A. NEHAMAS, Meno's Paradox and Socrates as a Teacher, in *Oxford Studies in Ancient Philosophy* III, Oxford, 1986, 22-30; ver ID., *Epistêmê* and *Logos* in Plato's Later Thought, *Archiv für Geschichte der Philosophie* LXVI (1984) 11-36. Neste ponto ainda opomo-nos à interpretação apresentada por D. Scott. Para ele (op. cit., 50), o saber e a opinião "têm origens diferentes". Para nós, têm a única possível: a memória das Formas, cuja recuperação se consegue apenas através do processo da gradual emergência das opiniões verdadeiras. É da sistematização destas pelo raciocínio que poderá vir a emergir o saber, ou seja, as opiniões *transformam-se* em saber com a recordação da Forma (*Rep.* VI 511b-c). Mas neste ponto ainda não se percebe bem como.

33. Não só do *elenchos*, mas do processo educativo, em bloco. Note-se que a adoção desta posição implica abandonar a conotação puramente negativa da maiêutica.

34. "De onde" retira o rapaz estas opiniões não é relevante neste contexto (no final da *Rep.* VI, passim, veremos que é da alma). Importa apenas que não as retire de outrem, que as reconheça como suas, as retenha e delas se saiba servir. Se esta exigência não for satisfeita, a refutação não será possível, pelo fato de nunca se manifestar o consenso interior. A anamnese começa com essa utilização, para passar do não saber ao saber. A reminiscência supera o paradoxo, associando a investigação à aprendizagem: aprender é recordar, mas só aprende quem investiga. A associação do ensino à aprendizagem é sublinhada por E. LLEDÓ, *La memoria del Logos*, Madrid, ²1990, 198-199.

Ora, se isso é "ensinar", como poderemos caracterizar o processo complementar deste a que chamamos "aprender"? O que significa falar da aprendizagem como reminiscência? Exatamente o que é que é recordado? Como?

O que é recordado começa por ser as opiniões verdadeiras. A reminiscência ocorre quando estas são formuladas, ou aceitas, pelo escravo no decurso do interrogatório conduzido pelo agente do ensino. A metodologia seguida é a elênctica: pergunta, resposta, contra-interrogatório, refutação ou confirmação da resposta dada[35].

Portanto, a anamnese é o resultado do processo *raciocinativo* pelo qual as opiniões verdadeiras emergem e são fixadas pelo paciente do ensino. Podemos distinguir três fases. A primeira, negativa, é a da passagem do estado de "julgar saber, mas não saber" ao do de "saber que não sabe". A segunda, positiva — parcialmente coincidente com a anterior —, é a da gradual emergência das opiniões. A terceira, a da sua sistematização no corpo das opiniões verdadeiras.

A partir daí, Sócrates *garante* (*oisth'hoti*: 85c11) que a repetição do interrogatório, nas condições estabelecidas, conduz à aquisição do saber (85c-d, 86a). Não há por ora razões que nos permitam supor que o processo conducente à emergência das opiniões verdadeiras difira significativamente daquele que conduzirá ao saber. Mas talvez o aclaramento do que se entende por *saber* neste contexto conduza a uma nova posição.

É que há ainda um ponto, até aqui deixado em suspenso. Interpretamos a anamnese como a sistematização das opiniões verdadeiras. A proposta assenta na capacidade inferencial e sistematizadora da *prática* da reminiscência. Mas não se pronuncia sobre a natureza do processo e dos objetos sobre os quais se exerce.

---

35. Há objeções óbvias à consideração do diálogo com o escravo como um *elenchos* típico: sobretudo por não incidir sobre questões morais e não terminar na refutação e na conseqüente aporia. Cremos que a primeira objeção pode ser ultrapassada sem dificuldade. Considerando o caráter dianoético da geometria (a projeção do sensível no inteligível), a diferença de conteúdos não é relevante para Platão: o procedimento metodológico seguido, bem como os resultados atingidos, é que são (vide *Rep.* VI 511a-e). A segunda é mais espinhosa. Só a conseguiremos ultrapassar se apontarmos a uma perspectiva unitária da metodologia platônica. A concordância ou discordância das hipóteses — resultados normais numa investigação dialética (*Féd.* 100a) — são simultaneamente *saber* e *processo* de aquisição do saber. O respeito por esta ambiguidade, constitutiva da investigação, é capital na interpretação apresentada. A circunstância de os interlocutores de Sócrates serem, na obra elênctica, deixados na aporia significará apenas que se não acham em condições de compreender o sentido das exigências postas pelo *elenchos* (como antes foi manifestamente o caso de Mênon).

Ora, abundam no texto do *Mênon* sinais de que a anamnese se exerce sobre objetos específicos e se manifesta com uma sintomatologia própria. A idéia de que as opiniões verdadeiras "vieram à tona como num sonho" (85c) pode constituir evidência de um estado metacognitivo em que o paciente compreende:
1) de forma misteriosa, mas certeira;
2) algumas de um conjunto de relações globais entre objetos epistêmicos.

Se assim é, através do interrogatório Sócrates consegue:
1) que o rapaz responda, projetando no esquema desenhado as questões que lhe vão sendo postas;
2) que infira a certeza da resposta apresentada da sua compreensão das características do Quadrado[36].

O fato é notável na pergunta que aponta a diagonal como "dividindo o quadrado em duas partes iguais" (84e-85a). Se tomamos o diálogo à letra, para responder como o fez, o rapaz teve de deduzir *por si, ou assimilar*, a igualdade dos dois triângulos em que o quadrado é dividido[37]. Daí resultará a reminiscência, parcial e imperfeita, do Quadrado, ou a compreensão do fato de ser da sua natureza que resulta a solução para o problema.

Essa proposta realça o modo como a resposta é atingida ("o sonho") e integra aspectos antes não relacionados, começando a responder à terceira pergunta apresentada atrás: como se transformam as opiniões em saber?

Primeiro, esclarecendo o sentido da exigência de visar ao saber dizendo "o que é" o objeto da investigação (71b). Segundo, na parte elênctica do diálogo, apontando a Forma como o "um sobre muitos" (72c-75a). Terceiro, a constituição da reminiscência como um saber *a priori* na alma (85d-86a) — o estado

---

36. Ou seja, que progressivamente se eleve do quadrado sensível, desenhado, ao Quadrado inteligível, imaginado.

37. P. Dimas, True Belief in the *Meno, OSAPh* XIV, Oxford (1996) 23-29, chama a atenção para este passo, corrigindo a interpretação de G. Vlastos, Anamnesis in the *Meno*, in Jane M. Day (ed.), *Plato's Meno in Focus*, London/New York, 1994, 150; 93-97. Concordamos em parte com ambos: com Vlastos, por defender que o rapaz chega à resposta "por percepção das relações lógicas" (93); com Dimas, por considerar que "... a inferência e a reminiscência podem ... combinar-se para atingir uma finalidade cognitiva" (25). Ou seja, a inferência é necessária para produzir a reminiscência. *Contra* Dimas e Vlastos, pensamos não ser preciso falar de ângulos ou triângulos para atingir a conclusão desejada: basta a igualdade dos lados, assentida pela definição inicial de quadrado, mas não é suficiente para explicar *a certeza* da resposta. Esta resulta *misteriosamente* da reminiscência.

terminal do processo cognitivo — suporta o traço inatista explícito no prelúdio do diálogo com o escravo.

Atingimos assim a resposta à pergunta inicial sobre a transformação do sistema das opiniões verdadeiras em saber. Esse estado será atingido quando a Forma for integralmente recordada. Neste sentido, a sistematização das opiniões verdadeiras é o meio pelo qual, através da reflexão, um investigador integra novas proposições, *descobre verdades*, sendo a anamnese da Forma o fim a atingir pela fixação da totalidade das proposições num sistema.

Anamnese no *Mênon* e no *Fédon*

As análises que acabamos de efetuar permitem-nos ter uma noção do que distingue a anamnese no *Mênon* e no *Fédon*. No *Mênon*, as opiniões verdadeiras são o objeto manifesto da anamnese. No *Fédon*, não se fala de opiniões verdadeiras (exceto em 73a, em referência implícita ao *Mênon*), dependendo a própria possibilidade da anamnese da realidade das Formas.

No entanto, não só um escrutínio mais aprofundado do diálogo com o escravo revela que a sistematização das opiniões verdadeiras aponta para a reminiscência do Quadrado, como, no *Fédon*, a concordância de Símias com o argumento se expressa através da sistematização de suas opiniões[38], ou seja, pela sua aceitação do argumento.

Extrapolando a partir dessas conclusões, achamo-nos então em condições de sintetizar a avaliação dos dois argumentos complementares. Como dissemos, a sistematização das opiniões verdadeiras é o meio através do qual, mediante o diálogo, se torna possível iniciar o processo de reminiscência da Forma.

O processo só poderá se achar concluído quando for expressa a totalidade das proposições que condensam a descrição da natureza da Forma. Só nesse momento, quando o processo tiver conduzido à enunciação do sistema axiomático perfeito, o saber terá sido atingido.

*

Achamo-nos agora em condições de esboçar uma primeira síntese englobante da anamnese, como proposta de aquisição do saber, feita a partir da

---

38. É isso que Sócrates lhe pede insistentemente, a partir de 76a, que ele só lhe dá após a consideração do que está em causa (76e-77a).

avaliação dos diálogos socráticos. A tese do "consenso interior" expressa idealmente a obrigação de coerência e consistência das opiniões formuladas. A circunstância de Sócrates nunca ter encontrado um interlocutor capaz de sobreviver à aplicação do *elenchos* basta para justificar o final aporético a que as investigações conduzem.

O *Mênon* começa logo um passo à frente dos diálogos elêncticos, ao focar o *logos* inicial sobre a natureza da entidade questionada. Obrigando o interlocutor a dizer "o que [ela] é", Sócrates orienta a investigação para a Forma. E reforça ainda a exigência, impondo-lhe a obrigação adicional de responder "ele próprio"[39] (*sy de autos*: 71d5-6).

As duas exigências convergem no metadiálogo com Mênon. O escravo terá de encontrar a resposta por si, sem que Sócrates o ensine (82e, 84d, 85b-86b). Contudo, na última seção metaelênctica (85b-86c), à exigência de autenticidade são acrescentadas inovações: as respostas constituem opiniões verdadeiras, recordadas pelo rapaz (85b-c), que sempre se encontraram na sua alma (86a). Conseqüentemente, as Formas são entidades constitutivas do saber, que todos os homens conservam na alma, e que podem recordar através do interrogatório, expressas em opiniões verdadeiras.

Esta é a primeira tese forte da teoria: achando-se o saber na alma, não pode ser objeto de transmissão acrítica, de persuasão, de nada valendo as opiniões acríticas dos homens[40]. O saber pode ser recuperado pelo interrogatório, condensado em opiniões verdadeiras, suscetíveis de ulterior sistematização, até a fixação num sistema definitivo.

A segunda tese forte da teoria é a de que há entidades ontoepistemológicas[41] específicas, estruturantes da alma dos homens, cuja reminiscência constitui o

---

39. Inicialmente, Sócrates admite que Mênon manifeste a sua simpatia por Górgias (71c-d), mas não deixa de lhe exigir que construa, ele próprio, a resposta a partir das estipulações que apresenta (72a ss.).

40. A inversão que a emergência do ideal da *philosophia* constitui é situada na tradição por M. Dixsaut, *Le naturel philosophe*, Paris, ³2001; ed. ital.: *La natura filosofica,* Napoli, 2003, 50-100.

41. No *Mênon*, o Quadrado, no *Fédon*, as relações estruturantes da aparência sensível. Nada nos garante, muito pelo contrário, que o universo das Formas seja exclusivamente constituído por Formas geométricas e relações abstratas. Outros candidatos emergem em outros diálogos, a par de formulações abrangentes (por exemplo, *Rep.* X 596a). Mas só o *Parmênides* (130b ss.) mostra as conseqüências indesejáveis da restrição deste universo.

processo conducente ao *estado* de saber. É o caráter "estruturante e estruturado" das Formas num sistema que permite a sua recordação gradual.

Todavia, a justificação desta tese é amplamente esboçada, em termos e numa linguagem que remete à moldura mítica em que assenta o modelo cognitivo da anamnese, descrita no *Fedro*. É à sua análise que passamos a seguir.

Anamnese no *Fedro*

A amplidão da perspectiva do *Fedro* decorre do modo como a anamnese é abordada, em quatro planos inter-relacionados, que a análise só com esforço consegue distinguir. O primeiro é o do contexto mitopoético em que a narrativa dos destinos da alma e a descrição da região supraceleste se situam. O segundo é o das teorias metafísicas do amor e da alma[42], pelas quais Platão elabora a teoria a partir da narrativa "mítica" da qual parte. O terceiro é o da concepção de saber implícita ao longo de todo o passo, a qual remete para o conjunto da obra platônica. O quarto é o da exposição da dialética, entendida como proposta metodológica e técnica de aquisição do saber. Por último, aparentemente em outro contexto, como justificação das críticas que fará à produção de obras escritas, Platão refere-se à natureza da memória, em estreita associação com a anamnese.

Concluída a demonstração da imortalidade (245c-246a), que descreve a natureza (*physeôs*: 245c3, e6) da alma "que se move por si" (*auto kinoun*: 245c7, d7), é introduzido o problema da descrição da sua forma (*ideas*: 246a3), logo reduzido à "daquilo a que se assemelha". Sócrates expõe a imagem da alma como "uma biga alada e o seu cocheiro"[43] (246a-b). Confronta-se então com um primeiro problema.

Se a alma tem uma origem única e comum a todos os seres vivos (*Mên.* 81c-d), como poderemos distinguir os seres chamados "mortais" dos "imortais"? A "explicação" cabal é apenas aflorada no *Fedro* com a menção à "mistura" do bem e do mal nos cavalos guiados pelo auriga (246a-b). O problema é resolvido pela atribui-

---

42. Estreitamente associado à teoria do amor, é possível discernir um prolongamento "psicopedagógico" — um quinto plano da análise platônica — que, usando a linguagem dos Mistérios, descreve e explica a manifestação e os efeitos psicofísicos que a presença do amado provoca no corpo e na alma do amante. Este desenvolvimento, notável a partir de 249d, torna-se dominante de 250e até o fim da palinódia.

43. Recorremos à tradução de José Ribeiro Ferreira, PLATÃO, *Fedro*, Lisboa, 1997, assinalando as eventuais alterações propostas.

A TEORIA DA ANAMNESE

ção dos encargos que cabem a cada uma delas. Enquanto as imortais governam todo o Universo, as outras são constrangidas a segui-las, vindo a habitar "um corpo terreno", se tiverem perdido as asas (246c; ver *Tim.* 36d-e, 39e-40b, 41b-e).

Entramos assim no corpo da elaboração platônica das concepções míticas gregas. A causa da perda das asas, encontra-a ele na incapacidade das almas mortais de se alimentar da visão das Formas (246d-e); obrigação de que os próprios deuses não se acham isentos (249c). Começa então a narrativa da vida dos deuses nos céus (246e-247e), na descrição da "região supraceleste" (247c).

Esta suplementa a indicação inicial com uma explicação ulterior. As almas dos mortais experimentam muitas dificuldades em suas tentativas de acompanhar os deuses. São essas dificuldades que as impedem (as "outras"[44]: 248a1) de contemplar o ser inteligível, as Formas (247c-d; ver 246d-e), trazendo como conseqüência "o esquecimento e a maldade", os quais, tornando-as "pesadas", as fazem perder as asas e precipitar-se na terra (248c).

Encarnadas em corpos, as almas são obrigadas a optar entre nove destinos, hierarquicamente ordenados, decorrendo da opção feita a sua possibilidade de recuperar as asas. Pois só aquele que por três existências seguidas escolher a vida de filósofo escapará a 10 mil anos de vagabundagem pela Terra (248d-249b; ver *Rep.* X 617d-621b; *Tim.* 89d-92c; ver ainda *Féd.* 65d-69e).

Um princípio, contudo, há que respeitar: só encarnará num corpo humano a alma que tiver contemplado as Formas[45] (249b, vide 249e-250a). E por que razão? É aqui que a referência inicial ao esquecimento (248c) é elaborada no breve e comprimido argumento explicativo do processo que comanda as sucessivas encarnações. Nele se articulam os quatro planos da proposta platônica, nos quais a anamnese se identifica com o saber:

(1) "E isto porque o homem deve compreender as coisas de acordo com aquilo a que chamamos Forma, indo da multiplicidade das sensações para a unidade, inferida pela reflexão.

---

44. A referência à mistura do bem e do mal nos cavalos é complementada pela explicação do *Timeu* (as almas dos mortais são feitas com materiais impuros e os seus corpos fabricados pelos deuses, já eles criados pelo demiurgo: 41c-d, 69c). As almas dos mortais são as que perdem as asas, mas, como a causa da perda é a sua incapacidade de acompanhar os imortais, a diferença na "raça" dos cavalos, resultante da distinção entre mortais e imortais, já se achava "ontologicamente" predeterminada.

45. Tendo sido a "qualidade" da contemplação determinante do destino que coube a cada alma (248c-d). Apesar de esta ser a sua única aparição, a condição é capital para a compreensão da coerência das narrativas míticas da transmigração e da reminiscência.

(2) "A isto se chama reminiscência das realidades que outrora a nossa alma viu, quando seguia no cortejo de um deus e olhava de cima o que *nós* agora dizemos que é e se elevava para o que realmente é.

(3) "Por isso é justo que apenas a inteligência (*dianoia*) do filósofo seja provida de asas, já que com a recordação (*mnêmêi*) está continuamente absorvido, na medida do possível, nas coisas a cuja contemplação um deus deve a sua divindade.

(4) "Apenas um homem que fizer um reto uso de tais recordações (*hypomnêmasin*), o iniciado perpetuamente em mistérios perfeitos[46], apenas esse se torna, na realidade, perfeito"[47] (249b-c).

Não concedendo a merecida atenção às dificuldades de tradução postas pela declaração inicial, abordemos a interpretação do passo.

(1) introduz o sentido técnico da anamnese numa fórmula coerente com a teoria referida e analisada no *Fédon* e no *Mênon;*

(2) começa por:
  a) integrar a anamnese na "moldura mitológica" em que fora abordada antes[48]; para
  b) criticar a prática do conhecimento sensível (por conferir realidade à mera aparência);

(3) mostra que o que distingue o filósofo dos outros mortais ("nós"; *hêmôn*: 249c) é a contínua entrega à anamnese;

(4) compara a prática da filosofia com a iniciação nos mistérios[49] e a vida do vulgo.

Refletindo sobre o sentido desta progressão, notamos como em poucas linhas Platão enquadra na "moldura mitológica" (2a) da anamnese (1) o significado técnico da noção, conferindo-lhe (2b) um sentido epistêmico englobante, desen-

---

46. Platão gosta de explorar a aliteração, associando repetidas vezes "iniciação", "mistério" (*teletê*), a "perfeito" (*teleos*) e ao verbo *teleô*, que significa "realizar", "aperfeiçoar", e "iniciar e ser iniciado nos ritos mistéricos".

47. Tradução citada, com ligeiras modificações, nomeadamente "Forma" por "Idéia", "que vai" por "indo", "dizemos" por "supomos" e "ser" por "existir". Para facilitar a referência, separamos os parágrafos, que numeramos. O destaque de "nós" é nosso.

48. A seqüência do texto é clara: a capacidade humana para a prática da anamnese é *a única justificação* para a reiterada associação (ver 249e-250a) da visão das Formas à encarnação num corpo humano.

49. O recurso à linguagem dos mistérios torna-se evidente mais adiante, na caracterização da prática amorosa do iniciado: 250e ss. (*vide Banq.* 209e-212c).

volvido como (3) prática da vida, depois implicitamente contrastado (4) com as práticas dos iniciados, rematando o passo com a contraposição do filósofo ao "vulgo" (249c-d).

Com este movimento abrangente, a anamnese estabelece a ligação entre os dois estados, "períodos", da vida da alma: ligada ao corpo e separada dele (a que erradamente se chama "vida" e "morte": ver *Féd.* 64a ss., especialmente 64c), convertendo-se na concepção de saber que sustenta a vida filosófica. A estratégia, porém, só ganhará sentido pela integração da caracterização "técnica" da noção, como teoria da aprendizagem e modelo cognitivo[50].

Mas a continuação do texto será ainda mais surpreendente. A partir de 249d, a análise platônica vai centrar-se na justificação da reação do amante à beleza do corpo e da alma do amado, como manifestação da anamnese, motivada pela *saudade* das Formas, em termos convergentes com aqueles com que a noção é trabalhada no *Fédon* e no *Mênon*. A solução entronca no desenvolvimento natural da palinódia, mas remete ao contexto alargado do diálogo, respondendo a questões surgidas muito antes, no debate com Fedro.

A tentativa de explicação do amor como forma de loucura corresponde à intenção de vindicar a figura do amante, ultrajado pelo discurso de Lísias[51]. Dando como adquirida a ressalva sutilmente introduzida pelo seu primeiro discurso[52], de que o amor não se reduz à identificação do desejo com o corpo, cabe agora a Sócrates mostrar como pode a alma (e não o corpo!) alimentar continuadamente o desejo amoroso.

Explicando pela reminiscência da Beleza a reação do amante à beleza do amado — mas não forçosamente apenas a do seu corpo —, a análise do comportamento amoroso vai centrar-se exclusivamente na alma. A vivacidade das imagens do Belo incorpóreo (250a-d, d-e; ver *Banq.* 211a-b) e a agudeza da visão (250d) são suficientes para provocar um conjunto de reações psicofisiológicas de extrema violência (251a-252b), em tudo análogas àquelas que os próprios

---

50. Será relevante a associação ao passo da *República* VII 523a-526c, em que, a propósito das "disciplinas que conduzem à inteligência (*noêsin*)", é introduzida a noção da unidade, da qual dependem as artes do cálculo e a aritmética.

51. Não só a divindade do Amor é ofendida pelo elogio do não-amante (231a-234c) como a redução do comportamento amoroso aos efeitos perniciosos da paixão (238-e-241d) degrada irreparavelmente a figura do amante na busca da posse do corpo do amado (com total desprezo de sua alma).

52. Ver J. T. Santos, Platão, o Amor e a retórica, *Philosophica* 9, Lisboa (1997), 59-76, esp. 65-68.

deuses experimentam (252c-253c). E de tal modo que até as perturbações do corpo são explicadas pela natureza tripartida da alma (246a-b, e, 247b, 248a-c, 253c-254e; ver *Rep*. IV 435c-436b). Para vencê-las há que conceder à aliança do auriga com o cavalo branco a força necessária para suportar a presença do amado, a qual lhe permitirá não se deixar subjugar pelo desejo corpóreo (254b-256d[53]). E com uma breve prece ao Amor termina a palinódia (257a-b).

Como interpretar esta última seção? É nela que a teoria platônica do amor se acha exposta. Focada na atividade da alma, sua finalidade é explicar as perturbações típicas do comportamento amoroso, mostrando como deve o amante proceder para as controlar, a fim de conseguir recuperar as asas (256d-e). Mas o discurso platônico só se deixa captar pontual e indiretamente, preso da teia de metáforas e imagens com que a luta entre as três partes da alma é descrita.

Os pontos de partida e de chegada da proposta foram já antes identificados: o traumatismo provocado na alma pelo esquecimento das Formas e a anamnese como único modo de superá-lo. Teremos agora de mostrar como pode o amor conduzir o processo. Sua erupção é provocada pela visão do amado. Mas só se pode compreender a violência das reações por ela induzidas — concedidas a persistência da Beleza nas imagens sensíveis e a agudeza da vista — como reminiscência da Beleza das regiões celeste e supraceleste[54] (250a-e). A interfe-

---

53. É pertinente o paralelo com o passo do *Banquete* 211b-c, em que o acesso aos mistérios do amor passa da contemplação da beleza de um corpo à de dois, de todos, e daí às práticas e às disciplinas, até atingir a contemplação do Belo em si (ver 210a-d). A essência do "amor platônico" acha-se condensada nesta exigência de preservação da relação, acima da satisfação das necessidades corpóreas, por razões alheias, ou não de todo identificadas com a ética. Cremos não haver qualquer motivo para falar em "sublimação" do desejo, visto não haver "elevação" da pulsão sexual, mas, pelo contrário, "degradação" da memória da beleza.

Ao insistir na natureza psíquica da relação amorosa, Platão situa o impulso sexual na dependência da Razão e do sentimento. Na inevitável comparação com a nossa própria experiência amorosa, deveremos atender à dupla circunstância de a relação envolver dois homens, de diferentes idades. Há de se notar ainda a circunstância de a relação ser encarada na perspectiva de uma vida inteira.

54. No plano global da teoria, é extraordinária a importância deste passo, que constitui o único exemplo concreto que Platão nos deixou da interferência da anamnese no cotidiano. É a indelével impressão causada pelo espectáculo da Beleza supraceleste que desperta na alma o impulso anamnésico e o complexo de reações somáticas que caracterizam o comportamento do amante. A continuação do texto mostra bem a lição a extrair deste conflito. Mas, no plano cognitivo, as conseqüências são ainda mais importantes: só escapando ao apelo do sensível e recuperando a Forma é possível restabelecer integridade do saber, de modo a poder "recuperar as asas". Mas é bem claro o exemplo de como as Formas — neste caso, a da Beleza e a da *sôphrosynê* — estruturam todo o processo epistêmico, a partir das sensações.

rência do cavalo negro, a degradação corpórea e a conduta viciosa que acarreta são perfeitamente descritas, tal como a via a seguir para dominá-las. Sutil é o discurso que a justifica.

É sabido que o auriga representa a inteligência, a Razão, e o cavalo negro, o impulso sexual[55] (253e-254b), mas a afinidade do cavalo branco com o incitamento e o *logos* (Razão e discurso; ou "pelo incitamento (*keleumati*) do *logos*") só é assinalada num ponto (253d[56]), que só indiretamente se pode colher do texto. Ora, a conflituosidade da experiência amorosa decorre da natureza tripartida da alma, pois, estimulado pela visão do amado, enquanto o cavalo negro busca o corpo do amado, o auriga tem a reminiscência da Beleza e da Temperança e detém-se, forçado pela reminiscência (254b-c).

É, pois, compreensível que as partes da alma se digladiem numa luta sem quartel, que só terminará com a vitória de uma delas, pois, enquanto a orientação do amor para a filosofia e a anamnese reprime violentamente a pulsão sexual (255e-256e), o texto sugere que a satisfação irrazoável do desejo do corpo impede a reminiscência.

A lição a colher desse confronto deixa-se condensar no próprio termo que consagra o comportamento que o amante deve exibir e o tipo de vida que um homem deve seguir: "filosofia", expressão do vínculo que indissociavelmente une o amor à sabedoria. Nesta concepção, a anamnese desempenha a complexa função de:

a) justificar todo o processo de recuperação do saber;
b) apontar a via para a superação do conflito em que a alma se acha imersa, entre o sensível e o inteligível;
c) indicar os múltiplos meios a que o investigador pode recorrer para atingir o seu objetivo[57].

Cremos que essa estruturação se poderá alargar a todo o domínio cognitivo, incluindo o processo da formação conceptual; ver, por exemplo, no *Teeteto* 184e-185e, o modo como, primeiro, o pensamento, a reflexão (*dianoia*), condiciona a sensação (185a), depois a estrutura (185b-c), finalmente "a alma ela própria, por si, examina o que é comum a todas as coisas" (*ta koina peri pantôn episkopein*; ver *Féd.* 79c, 82e; ver ainda Y. KANAYAMA, Perceiving, Considering, and Attaining Being (*Theaetetus* 184-186), *OSAPh* V, Oxford [1987] 29-82).

55. O *Timeu* (69c-71a) coloca a sexualidade ao lado dos apetites corpóreos, abordando o tópico de uma perspectiva estritamente psicofisiológica.

56. Tornando o cavalo branco sensível à argumentação, logo em perfeito paralelo com os guardiões, na cidade, e exprimindo a submissão da parte "irascível" da alma ao controle da Razão: *República* IV 441c-442d.

57. Sejam eles o *elenchos* (no *Mênon*), o método de coleção e divisão (*Fedr.* 265d-266b) ou, sinteticamente, a dialética (*Sof.* 253b-e).

Mas é claro que a partir deste ponto a anamnese e a concepção de saber a ela associada não mais sairão do fundo do debate.

O Fedro e a anamnese platônica

Tudo o que acima se disse constitui uma concepção de saber coerente, articulada com a metodologia de investigação que a executa. Trata-se de um modelo epistêmico que extrapola do método das matemáticas para as outras disciplinas e áreas do saber. Toda a concepção assenta na hipótese de que a realidade é constituída a partir de estruturas ontoepistemológicas[58] perfeitas e imutáveis, que poderão ser *reconhecidas* a partir da investigação do mundo sensível.

O "diálogo com o escravo" no *Mênon* dá-nos uma idéia de *como funciona* a anamnese. Instruindo um interlocutor sobre a natureza de uma figura geométrica dada, é possível, mediante a realização de operações elementares de cálculo, levá-lo a tirar conclusões verdadeiras sobre propriedades da figura representada, que ele foi recordando. O interrogatório procede, pela apresentação de premissas, da sistematização das quais o interlocutor se mostra capaz de deduzir com correção outras.

A lição a extrair deste teste é que, uma vez que as propriedades da figura a caracterizam *a priori*, a descoberta de propriedades desconhecidas pelo interlocutor é feita por dedução, a partir das conhecidas. Esse processo dedutivo culmina na recordação da natureza da figura, que o interlocutor — como a generalidade dos homens — conheceria *a priori*. Espera-se que esta metodologia, que se revelou frutuosa em geometria, possa ser aplicada a outras noções, nomeadamente do domínio da ética, que o interlocutor também conheceria *a priori*.

Em complemento da perspectiva do *Mênon*, o *Fédon* concentra-se no estudo da natureza das entidades recordadas. Se a comparação de um conjunto de propriedades relacionais abstratas com os casos concretos em que se verificam atesta a deficiência destes últimos, não se compreende que as noções destas propriedades possam ter se formado na mente exclusivamente a partir

---

58. A característica epistemológica deriva da estruturação do processo cognitivo, que só as Formas podem justificar, como vimos na análise do argumento do *Fédon*. A característica ontológica reside na realidade destas estruturas, não tanto na sua existência. Como mostraremos adiante, trata-se de entidades "em si", exemplares únicos, nos quais se acha condensada em estado perfeito a propriedade homônima, que encontramos imitada no mundo da aparência (a Força, a Saúde, o Maior, o Menor etc.).

da observação de casos concretos. Torna-se, pelo contrário, plausível a admissão de um conhecimento anterior das propriedades abstratas como a única forma de explicar as circunstâncias em que estas vêm a ser aplicadas à descrição de casos concretos.

O argumento apóia-se na diferença que opõe as *representações intelectuais* das propriedades às suas *percepções concretas*, para sustentar as necessárias independência e anterioridade do pensado em relação ao meramente sentido[59]. Tal como no *Mênon*, no *Fédon* estas propriedades são encaradas como estruturas ontoepistemológicas estruturantes da experiência sensível (*ontológicas* pelo fato de existirem separadas, como entidades mentais; *epistemológicas* pelo fato de explicarem a configuração e a organização da experiência sensível). Mas o princípio segundo o qual são conhecidas *a priori* — do qual depende todo o argumento — nunca é questionado, sendo admitido consensualmente pelos interlocutores.

Eis a hipótese e os modos como é apresentada no *Mênon* e no *Fédon*. Assenta no pressuposto epistemológico forte de que há um saber a que é possível visar, se não efetivamente atingir, e de que há um sentido para que assim aconteça. A partir dele, percebemos *que* e *como* a realidade pode ser conhecida.

Só nos falta saber *por que* e *para quê*. Essa resposta será dada pela "teoria do amor". Mas neste domínio a segurança dos raciocínios, proporcionada pelo rigor dos argumentos, de nada vale. Há que recorrer ao mito, franqueando com ele a porta do irracional, que abre para o inconsciente coletivo da memória cultural.

A palinódia do *Fedro* conta-nos como as almas, pesadas pelo esquecimento, perdem as asas e encarnam em corpos. Dessas, as que alguma vez contemplaram as Formas começam seu ciclo encarnando em corpos humanos (*Fedr.* 249b).

Ficarão amarradas à transmigração por um ror de corpos, cumprindo sempre diferentes destinos, até lograrem a recuperar as asas, para de novo voltarem a acompanhar os deuses no périplo dos céus. Mas, para tal, terão de escolher por três períodos consecutivos a vida de filósofos, amando e perseguindo o saber perdido (248e-249a).

---

59. Em outros termos, que a atividade sensível não é, só por si, capaz de organizar a experiência, quanto mais de explicar o funcionamento da mente, quando, pelo contrário, nada obsta à aceitação da hipótese de esta se organizar a partir de estruturas que a constituem *a priori*.

Este é o mito que dá o *para que* da busca do saber. É uma bela história e como história ficará enquanto se perceber que aponta a razão, o *porquê*, do amor ao saber. Mas a esta, uma vez mais, de nada servem os raciocínios e os argumentos. Há que franquear uma nova porta para um outro irracional, mas agora a do inconsciente individual, do amor. Por essa razão, e só por ela, o *Fedro* empreende a defesa da retórica e da produção de discursos escritos, desde que a memória e o saber sejam preservados (277e-278b; ver 279a-b).

O amor é o estado de carência da beleza (*Fedr.* 237d). Para uma alma encarnada num corpo humano, a beleza — memória fugaz das perdidas Formas (250a, c-e) — mostra-se nos corpos, neles se deixando amar. Mas essa beleza não é mais que mera imagem da autêntica Beleza das Formas inteligíveis (250e-251a).

Àqueles que se contentam com ela resta saciar-se no prazer que o amor dos corpos proporciona. Mas os outros, os que são capazes de perscrutar além das aparências, sabem que ela não passa de uma mediação, a primeira numa cadeia que conduz à culminância do inteligível, que não é senão o próprio Bem (254a-257b).

Beleza, Amor e Saber no *Lísis*, no *Banquete* e no *Fedro*

A relação que, no *Fedro*, intimamente liga a Beleza ao Amor e ao Saber é abordada também no *Banquete* e no *Lísis*. O traço comum aos passos relevantes é a idéia, tradicional na cultura grega, de que o Amor é a única força responsável pela:
1. união dos seres;
2. geração da descendência.

O *Banquete* expressa perfeitamente essa idéia no relato feito por Sócrates do seu encontro com Diotima (*Banq.* 201d ss.). Não sendo bom nem mau, o Amor é um intermediário entre (*metaxy*) os opostos — bom e mau, belo e feio, saber (*sophia, phronêsis*) e ignorância (*amathia*): "permitindo que o Todo se encontre unido consigo mesmo"[60] (202e).

De uma perspectiva epistêmica, o traço de união entre o saber e a ignorância é a opinião verdadeira (202a: ver *Tim.* 37a-c). A natureza "demoníaca" (no

---

60. Tradução de M. T. Schiappa de Azevedo, PLATÃO, *O banquete*, Lisboa, 1991.

sentido grego: *daimonios*) do Amor (202d-e) é expressa no mito que narra a sua origem (203a-204c) e revela a sua função epistêmica.

É que, como os deuses, tal como os ignorantes, não filosofam, nem desejam ser sábios (porque já o são), só os filósofos — eles também intermediários entre os dois extremos — podem dedicar-se a essa tarefa (204a-b; ver *Lís.* 218a-c; *Fedr.* 278d). A filosofia é, pois, intermediação entre saber e ignorância, sendo apropriado que essa função se realize no, pelo e como Amor.

Todo o *Banquete* é atravessado por essa idéia, desde a associação, no discurso de Pausânias, do amor dos jovens à sabedoria (184d) até a intervenção de Alcibíades, mordido pela filosofia (218a-b). É, contudo, no final do discurso de Sócrates que a ascensão das belezas deste mundo ao Belo "que é" (211c) revela o movimento da alma para a unidade da Forma, em todas as suas manifestações (211d-212a).

Mas é o Bem que confere a finalidade ao movimento pelo qual o amor lança o amante na busca do amado (ver *Lís.* 220b). E há de buscá-lo até, por detrás da beleza de seu corpo, achar a de sua alma, e depois a de todos os corpos e de todas as almas, até compreender que só o saber lhe poderá saciar essa inextinguível sede, suscitada pela memória da Beleza (*Banq.* 210a-d; *Fedr.* 250a-c). E, por fim, que o próprio saber não passa de mais uma — a última — das mediações que o conduzem na via de acesso ao Bem, que ao processo confere sentido. E só assim logrará recuperar as asas (*Fedr.* 256a-b).

O que há de extraordinário nesta concepção é o fato de ser a única que fornece ao saber a sua razão de ser, revelando-o como tentativa de superação da carência de beleza da alma. Por isso é que é indiferente que ele venha ou não a ser alcançado nesta vida. Porque o sentido desta vida não se acha nela. Aceite-se ou não: é este o único e original significado da transcendência platônica.

Anamnese no *Filebo*

Num breve trecho em que discute a natureza do prazer e as diversas espécies com que se nos apresenta, o tema da recordação e do esquecimento é abordado de passagem (32d-34d). Apesar de se achar inserido num contexto de todo alheio àquele que temos estudado, o passo contém uma ou duas observações importantes, relevantes para a compreensão da teoria da anamnese.

O ponto de partida é a identificação liminar da destruição com a dor e da "restauração" (*anasôizein*) com o prazer (32d-e). A distinção entre recordar e esquecer é a seguir introduzida (33a). Propõe então Sócrates, em perfeita coerência com a abordagem que reserva à questão nos diálogos que estudamos, que "a vida da sabedoria e do pensar" seja inteiramente alheia ao prazer (33a-b). Mas parece restar um prazer, reservado apenas à alma: o da recordação[61] (33c). Para tal, há que recorrer à memória e à percepção.

Põem-se então duas possibilidades: ou as afecções do corpo atingem a alma, ou se extinguem antes de atingi-la. No primeiro caso, há recordação; no segundo, esquecimento (33d). Todavia, se este é a "perda de memória", não será o caso (33d-e). É, portanto, conveniente reformular essa alternativa, como "anestesia" (carência de percepção: 33e-34a).

A percepção vem a ser redefinida como "a união da alma e do corpo numa afecção" (*pathêi*) e a memória como "preservação da percepção" (34a). Surge aí a distinção entre memória e anamnese, da qual são apresentadas duas espécies. A primeira quando a alma, em si e por si, sem o corpo, recupera coisas experimentadas em companhia do corpo (34b). A segunda quando a alma perdeu a memória de uma percepção ou de algo que aprendeu, e então, por si própria, o recupera (34b-c). E a discussão encaminha-se para a natureza do prazer e do desejo.

*

O texto complementa perfeitamente a linha do argumento da anamnese no *Fédon*. As duas espécies de anamnese especificadas cobrem todos os casos aí referidos, exigindo apenas a satisfação de uma condição: que a recordação seja feita pela alma, em si e por si, assegurando que o objeto da anamnese é um inteligível. A primeira ocorre quando um inteligível é "recordado", a partir de uma experiência sensível. A segunda foca precisamente o caso típico de anamnese: quando a alma recupera a reminiscência de uma Forma, possivelmente através do interrogatório tendente a provocá-la[62].

A anamnese no pensamento platônico

A conjunção dos argumentos do *Mênon* e do *Fédon* confere à anamnese platônica as dimensões de uma teoria epistemológica e de um modelo cognitivo

---

61. Lembremos o passo capital do *Fedro* em que Sócrates advoga a escrita de textos "para recordar na velhice" (276d), a qual faz referência explícita ao prazer.
62. É o caso típico da recordação parcial do Quadrado, realizada pelo escravo, no exemplo do *Mênon*.

consistente, apoiado em sólidos pressupostos metafísicos[63]. Mas a associação desses argumentos ao *Fedro* converte-a numa concepção de saber englobante, cabendo perguntar pelo lugar que Platão lhe terá atribuído em sua filosofia.

Todos os comentadores que tentaram apresentar uma leitura global da filosofia platônica se confrontaram com esta pergunta, para a qual encontraram diferentes respostas. Mas todos eles esbarraram com a insuperável dificuldade resultante do fato de na restante obra do Mestre Ateniense se encontrarem apenas, quando os há, sinais indiretos da anamnese. Ora, será compreensível que um pensador capaz de conceber uma teoria autônoma, fecunda e pregnante da atividade cognitiva, como é a anamnese, possa não a colocar no núcleo da sua concepção de saber?

Posta nestes termos, a pergunta é retórica, pelo modo como pede uma resposta negativa. Tal resposta não pode, porém, nos satisfazer, pois parece inconcebível que um pensador que tenha chegado a uma teoria com a amplidão desta a tenha simplesmente descartado, e não se dê ao trabalho de explicar por quê. Pois é em vão que procuraremos nos diálogos alguma referência *explícita* à anamnese, para confirmá-la, ou deixá-la cair, embora seja claro que a concepção não se adequa à revalorização da percepção levada a cabo no *Teeteto* e no *Sofista*.

Posto nestes termos, o problema não tem solução. Todavia, se reconhecermos que a escrita dialógica não será o meio de criação adequado à exposição sistemática de uma filosofia[64], poderemos aceitar compromissos impensáveis na interpretação de outros autores. Estes permitem-nos propor o princípio segundo o qual a única razão para que a anamnese — ou qualquer concepção avançada num diálogo — seja rejeitada implica uma recusa explícita, ou a detecção de uma grave incompatibilidade com outros textos platônicos.

E é aqui que as opiniões dos comentadores se dividem. Para muitos[65], a desaparição da anamnese dos diálogos encobre nada menos que a rejeição des-

---

63. A vertente epistemológica da teoria assenta na estruturação do conhecimento do sensível pelas Formas inteligíveis, expressa no conjunto de problemas que encontramos. A vertente metafísica foca, por outro lado, as distintas naturezas das entidades que povoam os mundos a que os homens têm acesso: as Formas inteligíveis e as suas instâncias sensíveis, por elas causadas e explicadas.

64. Sendo essa uma preocupação que não passa pela mente de Platão, por razões a que adiante prestaremos atenção. Ver José Trindade Santos, Platão e a escolha do diálogo como meio de criação filosófica, *Humanitas* XVI, Coimbra (1994) 163-176.

65. Por exemplo, David Bostock, Plato on understanding language, in Stephen Everson (ed.), *Language*, Cambridge, 1994, 10-27. Mas deve-se assinalar que toda a interpretação de Bostock se apóia na leitura evolutiva do platonismo, proposta, entre muitos, por G. Owen.

sa concepção. E o lugar onde ela é assinalada, ou pelo menos se avançam argumentos para o fazer, são o *Parmênides* e o *Teeteto*.

Antes de chegarmos aí, porém, nossa proposta é aceitar que em outros diálogos, nomeadamente no *Banquete*, na *República* e até no *Teeteto*, obra em que não desempenha função significativa, a anamnese permanece como a concepção epistêmica englobante, que estudamos no *Fedro*. E apenas pelo fato de em nenhuma outra obra encontrarmos sinais que apontem para a sua superação.

O silêncio dos outros diálogos poderá então explicar-se por razões muito diversas. Quanto aos diálogos elêncticos, a questão é simples. A anamnese não comparece neles porque os interlocutores de Sócrates não se acham sequer em condições de debatê-la; de resto, dificilmente a concepção se poderá relacionar com uma abordagem dialética da virtude.

Nos diálogos em que é debatida a teoria das Formas, valem as propostas acima estudadas. Finalmente, na obra crítica, o contexto dialético das investigações não envolve a anamnese, pelo que não a confirma nem, por outro lado, a contraria, embora a descrição da estrutura da dialética no *Sofista* 254a a suporte perfeitamente.

Devemos por fim notar que, ao contrário do que ocorre hoje, a reminiscência e a transmigração das almas são crenças correntes na Grécia, comuns aos interlocutores e leitores dos diálogos. Para além das obras que estudamos, nas quais a concepção é submetida a elaboração crítica, pela parte de Platão, a circunstância de não ser mencionada não deve ser indicativa de sua rejeição.

De resto, a assunção da anamnese como o fulcro da concepção platônica de saber não nos parece acarretar significativas conseqüências quer para a interpretação de cada diálogo, quer para uma concepção global do pensamento de Platão. Importante, pelo contrário, será a refutação da generalidade dos argumentos que apontam para uma conjetural rejeição de anamnese da parte de Platão, que a nosso ver fazem aos textos injustificada violência[66].

Ver The Place of the *Timaeus* in Plato's Dialogues, in R. E. ALLEN (ed.), *Studies in Plato's Metaphysic*, London, 1965, 313-338, interpretação segundo a qual nos "diálogos críticos", do "terceiro período", Platão terá rejeitado a anamnese e a teoria das Formas (contra: H. CHERNISS, The Relation of the *Timaeus* to Plato's Later Dialogues, R. E. ALLEN (ed.), *Studies in Plato's Metaphysic*, London, 1965, 339-378).

66. Ver G. Owen e a tentativa de inserir o *Timeu* no segundo período da produção platônica. Rejeitamo-la, por um lado, porque as considerações cronológicas cada vez menos crédito merecem aos estudiosos do platonismo; por outro, pelo fato de a argumentação de Cherniss contra uma datação prematura nos parecer esmagadora. Não sendo forçoso ler

Futuro da anamnese

A avaliação da anamnese feita a partir de concepções epistêmicas que lhe são estranhas raras vezes é positiva. Mas o debate que a opõe aos modelos epistêmicos que com ela competem está hoje longe de se achar encerrado. Para compreendê-lo, devemos começar por distinguir a anamnese platônica da teoria e do modelo cognitivo que nela se inspiram. Mas teremos de ter em mente que qualquer tentativa para compreender o sentido da anamnese platônica deverá ainda distinguir a concepção de saber da teoria da aprendizagem, destacando ambas do fundo em que Platão as insere.

Sobre este último, nada temos a avançar aqui. Há, porém, que chamar a atenção para um ponto capital. Nem as crenças religiosas e místicas — tanto as gregas como as de Platão —, nem o forte contexto ético em que a anamnese emerge afetam as concepções por eles veiculadas. A anamnese independe perfeitamente da metensomatose[67], bem como das perspectivas platônicas acerca da natureza da alma e do sentido salvífico conferido ao saber. Isso significa que os diversos aspectos da concepção global podem ser retirados do seu contexto original e avaliados fora dele.

Todavia, aos olhos da epistemologia atual, a concepção epistêmica não pode confundir-se com a teoria da aprendizagem, ou modelo cognitivo que implicitamente contém. Uma coisa é definir o saber como um conjunto de estruturas ontoepistemológicas que o constituem *a priori*, organizando a realidade sensível e possibilitando sua exploração. Outra é fazer consistir a aprendizagem (em termos platônicos, aquisição do saber) na plena recuperação destas estruturas, apoiada numa metodologia de investigação definida: a dialética, associada ou não à metodologia hipotética.

É claro que nos diálogos platônicos todas essas concepções se suportam umas às outras, envolvidas na moldura mítica e ética que lhes confere sentido. O projeto epistêmico da anamnese é incompreensível sem a hipótese e a teoria das Formas, e não pode ser posto em prática sem o concurso da dialética, deste modo encarada como a metodologia que projeta a concepção global nas situa-

---

doutrinalmente os diálogos, nada obriga a que uma concepção proposta em alguns deva ser confirmada em outros. Pela mesma ordem de idéias, não haverá motivo para defender neles a sua presença implícita.

67. O destino que amarra a alma à transmigração através de um ror de corpos não deve ser rotulado de "metempsicose", porque o que muda são os corpos.

ções correntes de aquisição do saber. Mas não é deste ponto de vista que as examinaremos agora.

Uma defesa atual da anamnese[68] pode resumir-se à aceitação de três teses:
1) todo o conhecimento deve ser entendido a partir de noções *a priori*, que o estruturam, interna e externamente;
2) a aprendizagem deve ser entendida como o processo de "recuperação" (reconhecimento) dessas estruturas;
3) essa recuperação é efetuada pela dialética, explorando a interconexão das estruturas umas com as outras.

Exposta a questão nestes termos, cabe perguntar que alternativa pode ser avançada para responder às duas perguntas acerca da natureza do conhecimento e da aprendizagem, para as quais as teses acima constituem respostas. Vejamos como Aristóteles as encara:

... uma vez que aprendemos por indução ou por demonstração. Mas a demonstração [procede] dos universais, enquanto a indução [se faz] a partir dos particulares; por outro lado, é impossível contemplar os universais a não ser por indução, e não é possível usar a indução sem a percepção, porque é a percepção que capta os particulares. Quanto àquilo a que chamamos abstrações (*ta ex aphaireseôs*), pode ser captado apenas por indução, visto que, apesar de não poderem existir separados, alguns universais existem por inerência em cada classe, pelo fato de cada classe ter uma natureza determinada (*Segundos analíticos* A18, 81a39-b7).

Isso significa que todo o conhecimento é obtido a partir do exercício da sensibilidade. É isso que evidentemente acontece com os particulares sensíveis. Quanto aos universais, são produzidos "por abstração" dos particulares, portanto também a partir da sensibilidade, e pelo fato de alguns universais se manifestarem na natureza comum a certos particulares (ver *Seg. An.* B19, 100b1: "vejo o homem, não um homem Cálias"). É pela compreensão dessa "natureza comum" que, através da experiência de "muitas recordações da mesma coisa", se gera o universal (*Met.* A1, 980b28-981a3; *Seg. An.* B19, 100a3-6).

---

68. Podemos encontrar um bom exemplo de uma em J. A. Fodor, *Concepts*, Oxford, 1998. Ver em especial os dois últimos capítulos: "Innateness and Ontology", 120-165.

A TEORIA DA ANAMNESE

O processo de formação dos universais é mais pormenorizadamente explicado na continuação da obra (*Seg. An.* B19). Mas a posição que leva Aristóteles a considerar a anamnese uma concepção absurda é aquela que se acha exposta acima (mesmo assim, a abordagem exclusivamente empirista é comprometida pela análise do pensamento, desenvolvida em *Da alma* 4-6).

Devemos notar que o diferendo não aparece por acaso, pois tem raízes no ponto fulcral em que as filosofias de Platão e Aristóteles se opõem. Como veremos já a seguir, para o Mestre Ateniense, o ser, em sua acepção mais perfeita, são as Formas. É delas que todos os particulares sensíveis são cópias. Para o Estagirita, pelo contrário, o ser, por excelência, é precisamente cada uma dessas coisas particulares: as substâncias primeiras.

Neste sentido, para Aristóteles, uma vez que as Formas não podem ser indivíduos (pelo fato de não existirem separadamente), só poderão ser universais. Por outro lado, sendo universais, só podem ser predicados, que "não existem num sujeito", mas "se dizem de um sujeito" (*Categorias* 1a20-24). Logo, é absurdo que possam ser encaradas como sujeitos.

Não há lugar nos diálogos em que Platão se confronte com estas objeções. Todavia, o *Parmênides* levanta um conjunto de questões acerca das Formas, da participação, da predicação e da relação entre o sensível e o inteligível que mostra que não ignorava as dificuldades postas pela aceitação da teoria das Formas.

Por outro lado, o argumento de Aristóteles é tão simples e tão forte que muito poucos foram os que se atreveram a negá-lo. Mas o modelo cognitivo por ele proposto, empirista e construtivo, não deixa também de dar origem a uma série de dificuldades, nomeadamente as da existência dos universais, da origem do conhecimento científico (como pode ele ser "verdade"?) e da aquisição de "novos" conhecimentos. Mas a questão é delicada demais para ser abordada numa mera digressão.

O fato é que a concepção platônica da anamnese herda da tradição présocrática, nomeadamente de Parmênides, um conjunto de problemas acerca da natureza do conhecimento, que Platão supera, e Aristóteles já encontrou resolvidos (o que lhe tornou possível concentrar-se na anamnese platônica, da qual apresentou uma concepção fortemente crítica). É ao estudo desses problemas que procederemos em seguida, com a exposição da teoria das Formas.

A teoria das Formas

A expressão "teoria das Formas" (TF) não se encontra uma única vez na obra de Platão. É responsável por ela a tradição aristotélica, que, prosseguindo a crítica iniciada pelo Estagirita, em textos como os da *Metafísica* A6 e 9, constitui *indiretamente* a "teoria"[1] platônica aí exposta como objeto das críticas da escola.

Por sua vez, o termo Forma[2] (no singular, *eidos*, *idea*) aparece com freqüência nos diálogos platônicos, menos vezes com o sentido técnico do que com sentidos não-técnicos (ou seja, quando se pensa não manifestar qualquer associação à teoria), como o de "vulto", ou quase técnico, como o de "aspecto" ou "característica" (ver *Êut.* 6d-e; *Mên.* 72c). Mas também aparece em alguns diálogos com o que pode ser visto como um *outro* sentido técnico, traduzido por "gênero", "classe" ou mesmo por "forma".

A que se deve esta última diferença? Ao simples fato de o termo *eidos* se encontrar em outros diálogos além de naqueles em que o consenso da crítica pensa que a teoria, em sua forma canônica, se acha exposta ou *implicitamente presente*. Daqui resulta a decisão de traduzir com outros termos suas aparições fora do grupo de diálogos constituído por *Fédon, República, Fedro, Banquete*

---

1. O termo "teoria" é acrescentado na tradução. O original grego menciona apenas as Formas (outra tradução corrente é "Idéias"): *eidê* ou *ideai*, em referência a um conjunto de concepções expostas nos diálogos platônicos e decerto em outros lugares. É a estas que a expressão "teoria das Formas" alude.

2. Termo que, em seu sentido técnico, nos diálogos platônicos, decidimos grafar com maiúscula — "Forma" —, para o distinguirmos dos outros sentidos correntes do termo.

e *Timeu*, como será o caso do *Sofista* e do *Político*. A opção pela tradução "gênero" explica-se pelo fato de aí Platão utilizar *eidos* a par de *genos*, sem significativa mudança de sentido (por exemplo, na caracterização da dialética no *Sof.* 253a-e).

Desta opção resulta um outro problema de interpretação, este associado à questão da cronologia dos diálogos. Tendo a TF sido consensualmente colocada no segundo período da produção platônica, achou-se preferível traduzir por "característica" ou "aspecto" as menções dos dois termos nos diálogos julgados anteriores, como o *Eutífron* e o *Mênon*.

Como tivemos oportunidade de adiantar acima, a interpretação do pensamento platônico aqui proposta não esposa a concepção genético-evolutiva do platonismo dos diálogos. Todavia, respeitando a posição da esmagadora maioria dos comentadores sobre esta questão, tenta não entrar em conflito com ela. Ou, quando é obrigada a fazê-lo, chama a atenção para a diferença de perspectivas.

Formas no *Fédon*

Argumento da oposição da alma ao corpo

O termo e a noção de Forma são pela primeira vez, no *Fédon*, usados para caracterizar a oposição da alma ao corpo e reforçar de modo expressivo como só na alma reside a capacidade de "atingir a realidade[3]" (*tês alêtheias haptetai*: 65b).

---

3. É habitual e evidentemente correto traduzir *alêtheia* por "verdade". Neste contexto, porém, a natureza ontológica do referente do termo, o fato de se estar falando de algo "que é", cuja natureza apresenta características que lhe são próprias, sugerem a necessidade de encontrar outra tradução. Uma boa prova deste fato colhe-se um pouco mais adiante (66a). A formulação paralela — impede "a alma de atingir a realidade e a sabedoria" (*tên psychên alêtheian kai phronêsin*) — é logo a seguir reforçada por "atingir o ser" (*teuxomênos tou ontos*), associando intimamente as duas perspectivas — epistemológica e ontológica — da relação que liga a alma ao ser. O problema implícito aqui, a que já aludimos antes e ao qual voltaremos, é ainda conseqüência da ambigüidade do verbo grego *einai*, no qual os sentidos predicativo, identitativo, existencial e veritativo coexistem. Esta mesma ambigüidade afeta o termo *alêtheia*, que em alguns diálogos platônicos manifesta uma conotação ontológica, ligada aos sentidos existencial ou identitativo do verbo ("existe" ou "é aquilo que é"), a par de uma outra lógica, associada a seu sentido veritativo (o "Conceito ontológico de Verdade", segundo o qual "Verdade é o que é": *Sof.* 240b).

Sendo as Formas invisíveis, o corpo não pode chegar a elas por intermédio da sensibilidade (65d-e). Essa possibilidade é então reservada à alma, que as atingirá pelo pensamento e pelo raciocínio (*dianoiai*, *logismou*: 665e-66a). Mais adiante, Sócrates, que em diversos diálogos não se cansa de insistir neste ponto, explicará por quê.

*

Note-se como esta ocorrência é típica do modo platônico de fazer filosofia nos diálogos. Como se pode ver, não há propriamente uma exposição da "teoria", nem sequer consciência do fato de haver uma teoria. Mas os elementos constitutivos desta vão gradualmente emergindo no decurso da investigação, nos sucessivos contextos, dialéticos e argumentativos, por ela agregados. Mais adiante, como já vimos, as Formas tornam a comparecer no contexto do argumento da anamnese, desta vez para fornecerem à alma os referentes inteligíveis da reminiscência.

Mas essa dependência do contexto altera-se significativamente a partir daí, pois em sua última e prolongada intervenção no *Fédon* as Formas começam por ser a hipótese em que se assenta o método dialético, para se converterem no suporte do que é encarado como uma autêntica teoria de causação e explicação da realidade sensível (a qual, pelo fato de não ter sido exposta antes, nem por isso deixará de se achar implícita nas anteriores menções a Formas).

Já nos outros diálogos do grupo as Formas aparecem sem que seja preciso obter a anuência do interlocutor para sua intervenção, como aconteceu no *Fédon*. A Glauco, Adimanto, Fedro ou aos convivas do *Banquete* não é posta a pergunta inaugural: "Dizemos que há um justo em si ou não?" (65d).

No *Fédon*, o assentimento enfaticamente prestado e logo a seguir reforçado, após a referência ao Belo e ao Bem[4], faz supor que Símias e os outros terão familiaridade com a noção de Forma e pelo menos alguns aspectos da teoria que lhe está associada. Mas essa circunstância só contribui para lançar luz sobre o modo não-dogmático como as concepções são transmitidas aos interlocutores e, através deles, ao leitor dos diálogos. E, naturalmente, para evidenciar como para Platão as Formas são uma exigência racional da investigação — à qual há que assentir —, nunca um princípio teorético dogmatica-

---

4. Como vimos, a pergunta e a resposta são repetidas mais adiante (74a), a propósito do Igual, e pouco depois (75c-d) a referência estende-se, com a maior naturalidade, a todas as Formas, que nunca deixarão de protagonizar o argumento, até a sua conclusão (76d-77a). A pergunta é feita ainda uma última vez em 100c.

mente imposto, ou um objeto de postulação, cuja "existência" deve ser recebida como necessária.

Argumento da anamnese

Depois de uma breve desaparição, no final do argumento, bem como no dos opostos sensíveis, como vimos, as Formas regressam no argumento da anamnese. A contraposição dos dois tipos de iguais caracteriza bem a diferença que opõe as Formas às suas instâncias sensíveis, ficando a natureza do processo de instanciação perfeitamente definida, de um ponto de vista epistemológico[5]. Isso quer dizer que fica bem claro como e em que circunstâncias as Formas estruturam nos homens toda a percepção sensível.

Síntese dos dois argumentos

Mas o cruzamento dos dois argumentos — o da anamnese com o da oposição da alma ao corpo (78a-84b) — vai complementar esta perspectiva com uma abordagem da noção de Forma de um ponto de vista ontológico.

Platão quer mostrar a total estranheza da alma ao corpo, particularmente no que diz respeito à possibilidade de sofrer destruição (78b). Começa por distinguir compostos de não-compostos, para daí colher a evidente afinidade dos compostos com a decomposição e, conseqüentemente, por correspondência (pelo fato de restar apenas uma alternativa), dos não-compostos com a imutabilidade (78bc). É aí que reintroduz as Formas:

> A própria entidade, que, pela pergunta e resposta, definimos como ser, é idêntica e sempre a mesma, ou é umas vezes de uma maneira, outras de outra? O Igual em si, o Belo em si, cada uma das coisas que é em si, o ser, admite de algum modo e nalguma circunstância a mudança? Cada uma das coisas que sempre são, por ser de uma única Forma em si e por si, é idêntica e permanece idêntica e de nenhum modo admite nenhuma mudança? (78d).

---

5. Pelo fato de sobre umas haver divergência e sobre outras não, Sócrates conclui a "inferioridade" e a "carência" das primeiras (as instâncias sensíveis) em relação às segundas (as Formas inteligíveis). Até aqui, "sensível" e "inteligível" caracterizam apenas os modos opostos como são captadas: pela sensibilidade ou pelo pensamento.

A TEORIA DAS FORMAS

Após o enérgico assentimento de Símias, Sócrates passa então às coisas múltiplas (homens, cavalos e vestes), que "têm o mesmo nome daquelas, belas ou iguais e todas as outras"[6], perguntando se não mudam ou — sendo contrárias às outras — nunca são ("aquilo que são"), sendo sempre outras (ou "de outro modo": 78e).

Tendo Símias concordado que mudam, Sócrates volta a um ponto já antes admitido: o de que estas coisas mutáveis são percebidas pelos sentidos, enquanto as imutáveis, sendo invisíveis, só podem ser captadas pelo raciocínio do pensamento (65d-67b, 78e-79a). E daí passa a concluir, por um lado, a associação da sensibilidade à visibilidade, e por outro, por correspondência ainda, da imutabilidade à invisibilidade.

Chega desse modo a "duas espécies de seres" (79a), caracterizados, um, pela visibilidade e pela mudança, o outro, pela invisibilidade e pela imutabilidade, aos quais associa respectivamente o corpo e a alma. Dessa cadeia de dualidades, sempre estabelecida por correspondência, retira depois inúmeras conseqüências éticas, que consubstancia na tese, várias vezes repetida, de que a alma deve aspirar a permanecer em si própria (79c-d), evitando a contaminação pelo corpo (cuja natureza é afim à mudança).

*

Com esta breve menção, os dois aspectos da teoria das Formas — o epistemológico e o ontológico — ficam bem definidos e perfeitamente articulados um com o outro. Pelo primeiro, que serve de introdução ao segundo, é exposta a função das Formas como estruturadoras da sensibilidade e do conhecimento. Pelo segundo mostra-se que as Formas existem com características próprias que as opõem às "suas" instâncias (homônimas, ou das quais são epônimas, por lhes darem o "seu" nome).

Torna-se aqui evidente uma ordem argumentativa cuja dupla natureza há que respeitar. Inicialmente começa por ser a necessidade de admitir a anterioridade e a superioridade das Formas inteligíveis, *para poder compreender a própria percepção sensível*, que introduz a noção. A posterior caracterização das Formas, expressa na diferença que as opõe às suas instâncias, constitui a primeira elaboração teórica da noção, complementando a distinção anterior.

---

6. Este aspecto da homonímia das instâncias em relação às Formas, ou da "eponímia" destas, será repetido adiante (102a-b); ver *Parmênides* (130e).

Mas é capital no argumento a posição que ocupará, pois é na diferença ontológica, que opõe as duas espécies de seres, que se assentam, primeiro, a diferença epistemológica, depois, ainda, todas as conseqüências éticas, consubstanciada na tese da não-contaminação da alma[7]. Em especial, deve notar-se a posição de charneira desempenhada pela vertente epistemológica do argumento, que obriga a que as Formas sejam captadas por reminiscência, enquanto as instâncias são percebidas pela sensibilidade (65d-67b, 78e-79a). É essa distinção que, por um lado, as torna anteriores e superiores às percepções (74d ss.), por outro, dependentes delas.

No seu todo, mas especialmente nesta segunda parte, o argumento da anamnese só é compreensível a partir da "fusão" das leituras de "ser". É porque as Formas são ("aquilo que são") que são idênticas a si próprias, constituem a "realidade/verdade" ("verdadeira/realmente são"), portanto "existem"[8]. Note-se que, enquanto a leitura identitativa/veritativa é mais saliente no contexto epistemológico, a identitativa/existencial sobressai no contexto ontológico do argumento.

Interlúdio: a alma-harmonia

Até agora as Formas foram trazidas ao diálogo ao sabor da investigação, como premissa cuja aceitação compele o interlocutor a aceitar também a conclusão do argumento. E, contudo, o argumento da anamnese converte-as em nada menos que princípios formais e materiais, estruturantes do conhecimento. E seu corolário amplia essa função à realidade sensível.

Tendo chegado a esse ponto, o filósofo pergunta se algo haverá ainda a dizer (84c), exortando seus interlocutores a tomar posição sobre o argumento. Os dois tebanos prontamente correspondem ao convite, com algumas objeções e uma grande dúvida.

---

7. Como Sócrates sublinha num *modus ponens* que sintetiza todo o argumento da anamnese (76d-e): se há Formas, então a alma preexiste ao nascimento; há Formas, logo a alma preexiste ao nascimento. Não há qualquer motivo para ver aqui o argumento ontológico, pois, como se viu, sendo a realidade das Formas concedida por consenso entre os investigadores, a existência não passará de um dos sentidos do ser, inseparável dos outros, "fundidos" na concepção global.

8. Esta síntese mostra como, mesmo no contexto ontológico do argumento, a existência é sempre parasitária em relação à identidade/verdade. Embora não tendo se pronunciado sobre a questão da fusão dos sentidos de *einai*, o estudo de G. VLASTOS, Degrees of Reality in Plato, *Platonic Studies*, 58-75, contribuiu para a sua formulação ao substituir "existência" por "realidade".

As objeções manifestam-se pela apresentação de duas versões de uma teoria de origem pitagórica, segundo a qual a alma é uma harmonia. Não dedicando atenção agora a esse debate, digamos apenas que Sócrates aponta um par de fragilidades à concepção, e termina pedindo a Símias que opte entre ela e a reminiscência. Reconhecendo a derrota, este concede-lhe a superioridade da anamnese, apoiado no fato de esta ter sido demonstrada por um argumento (92d-e, 94e-95b).

Mas persiste ainda a dúvida (95a-b), pois já antes parecera a Cebes que do argumento de Sócrates decorre apenas a preexistência da alma à sua entrada num corpo, sendo claro que desta nada se pode inferir para a situação em que a alma se separa do corpo (77a-b, 95b-c), que é o que mais interessa (é a isso que se chama "morte": 64c). Para superá-la, o filósofo entrega-se ao longo argumento da "geração e corrupção" (96a-105c), que remata a seção "demonstrativa" do diálogo.

O argumento final I

1. As investigações naturalistas

Sócrates lança-se no argumento com algumas reflexões autobiográficas acerca da investigação da natureza (96a). No passado, enquanto se interessara pela investigação da natureza, não tivera problemas com a determinação da causa da geração, da corrupção e da razão pela qual cada coisa é[9] (96a-b). O calor e o frio, o ar e o fogo — os contrários da tradição — pareciam-lhe poder servir de causa ao pensamento (95b). Ou seria o cérebro que fornecia as sensações, produzindo a memória, desta provindo o conhecimento?

Fosse como fosse, as respostas a que chegava não eram suficientemente seguras, em confronto com outras, e as perguntas multiplicavam-se, sempre afetadas pela mesma incerteza, no estudo dos fenômenos da terra e do céu. Seria o crescimento explicado pela alimentação? Que função pode ser atribuída às fermentações, contrações e distensões? Haverá relação entre o pensamento e os elementos?

Outro tipo de questões causadoras de perplexidade eram as grandezas relacionais (96d-e). Como se poderia explicar a sua variação, em compara-

---

9. À letra, "por que [cada coisa] é" (*dia ti esti*). A expressão designa aqui o fato de cada coisa ser como é, o de ter uma natureza própria, o que engloba sua existência.

ção umas com as outras? Na altura, parecera-lhe que a mera descrição exterior de suas naturezas — o fato de serem menores ou maiores, por esta ou aquela medida — era satisfatória. Mas depois veio a pensar diferentemente, nomeadamente no que diz respeito aos números e às operações aritméticas (96d-97b).

2. Anaxágoras: o Espírito e o Bem

Essa persistente sensação de insegurança atenuou-se um dia, ao tomar conhecimento da tese de Anaxágoras segundo a qual era o espírito o ordenador do cosmo, "dispondo cada coisa como era melhor" (97c). Daí lhe parecia resultar a identificação da causa da geração e corrupção com "o que era melhor" (97c), "a causa ... de como é melhor as coisas serem como são" (98a).

Julgou então ter encontrado a solução para sua perplexidade. Mas não tardou a desiludir-se, ao constatar como o pensador de Clazômenas, no resto do seu livro, não fazia mais caso do espírito (98b-c) e não abandonava a linguagem dos naturalistas para explicar os fenômenos cósmicos, recorrendo ainda ao ar, ao éter e à água (98c), procedendo do mesmo modo acerca da constituição e dos movimentos dos corpos dos animais (98c-d).

É então que, a propósito da influência das articulações na posição de seu próprio corpo, Sócrates se interroga sobre a causa de ali se achar sentado (98d). É esse exemplo comum que lhe vai permitir aclarar seu pensamento acerca da questão da causa.

Pareceu-lhe que era como se, em vez de afirmar que Sócrates agia com senso (*nôi*[10]: 98c), tentasse encontrar causas nos ossos e tendões, acabando por explicar todo o seu comportamento através de contrações e distensões. Esquecia assim que a causa de ele ali se achar, a saber, na prisão, não eram os ossos, ou as articulações, mas, pura e simplesmente, o fato de ter parecido bem aos atenienses mandá-lo para lá. Tal como bem lhe parecera a ele obedecer-lhes e acatar a pena que lhe fora imposta (98e-99a).

---

10. O termo é o mesmo usado por Anaxágoras para referir o espírito. Esta menção passageira revela-nos o que Sócrates tem em mente. Tal como afirmar que ele age "com senso" implica conhecer suas razões para agir, apontar o espírito como causador do real equivale a fazer dele o criador *inteligente* do cosmo. Se assim é, investigar o real deve passar pela identificação das razões da criação divina, às quais todas as outras causas se subordinarão. Essa exploração, feita no *Timeu* 27d ss., será examinada adiante.

Daqui conclui serem os homens ignorantes acerca do poder que faz que todas as coisas persistam tal como são, o qual é "o Bem, a causa que deve abarcar e manter a coesão de todas as coisas" (99c).

3. A "SEGUNDA NAVEGAÇÃO"

Esta é a única e verdadeira causa, aquela que lhe parece dever ser buscada por toda e qualquer tentativa de saber. Mas, como ninguém se mostrou capaz de instruí-lo acerca dela e do modo como poderia chegar-lhe, decidiu lançar mão de um procedimento de recurso[11] (99d-e), à descrição do qual passa seguidamente.

Uma vez que foi obrigado a renunciar à observação das realidades sensíveis[12], pois nem uma, nem as outras de nada lhe podiam servir para encontrar o Bem, optou por observar indiretamente as realidades[13], "refugiando-se nos argumentos"[14], a fim de, através deles, conseguir indiretamente atingir a compreensão que de outro modo lhe era negada. E acrescenta não se achar em pior situação que aqueles investigam através de imagens, "pois não concedo que aquele que investiga as coisas nos argumentos as investigue em imagens mais do que aquele que as investiga nos fatos" (99e-100a).

*

---

11. A expressão grega é "segunda navegação", provavelmente aludindo à prática comum dos marinheiros de recorrer aos remos quando faltava o vento.

12. O texto menciona apenas "investigar os seres" (*ta onta*), mas adianta o exemplo da observação do Sol, que significativamente nos parece englobar o mundo das coisas visíveis. Por outro lado, no contexto autobiográfico em que até aqui o argumento se desenvolveu, é difícil pensar *em outras* realidades.

13. Utilizando a água como meio refletor da luz solar, ou recorrendo a qualquer outro modo que permita proteger a vista do brilho excessivamente forte. Ou seja, estudando a partir de imagens, quando a observação direta não é possível. Parece-nos que o exemplo do Sol deve, ao mesmo tempo, ser lido factual e simbolicamente: o Sol "reina" sobre o mundo visível, mas não pode ser observado diretamente.

14. Em grego, *logoi*. O termo remete ao debate dialético e ao habitual "método das perguntas e respostas" (78d), englobando qualquer coisa como "teorias", "discursos". Estes funcionarão como "refletores" das realidades, permitindo aos investigadores abordá-las racionalmente, desse modo respeitando sua natureza inteligível.

Essa reflexão aparentemente marginal não pode ser deixada sem explicação. Todavia, como só se pode entendê-la na seqüência do que se disse antes, passamos agora à interpretação de todo o passo.

É difícil exagerar a importância desta primeira parte do argumento e a relevância das conseqüências das opções filosóficas aqui tomadas. Como dissemos, toda esta seção é marcadamente autobiográfica[15]. As reflexões antinaturalistas servem perfeitamente de explicação para a decisão, tradicionalmente atribuída a Sócrates, de "fazer descer a filosofia dos céus à terra"[16].

Sob as várias alegações de inconsistência apontadas à concepção naturalista de causa — cabalmente substanciadas e superadas adiante (100c-101c) —, acha-se uma revolucionária concepção de saber. Proposta logo após a apresentação das críticas a Anaxágoras e a seguir desenvolvida, podemos condensá-la na identificação da causa da geração e corrupção com o Bem. Que significa ela?

Nesta questão, a busca da causa[17] da prisão de Sócrates assume uma função paradigmática. É evidente que as críticas aí aparentemente dirigidas a Anaxágoras se aplicam também ao tipo das investigações naturalistas, antes aludidas. Perante a impossibilidade de responder afirmativa ou negativamente às perguntas então formuladas (96a-d), é a pregnância e a fecundidade desse tipo de investigações que Sócrates contesta.

---

15. Literalmente, a menção autobiográfica é feita por Sócrates, no seu nome próprio. Poderemos achar que o filósofo se refere aos inícios de sua carreira como investigador — nada aponta em contrário —, mas podemos também "ver" aqui uma alusão encoberta ao próprio Platão, ou até à tradição reflexiva grega, globalmente encarada. Neste sentido, o passo poderia ser interpretado como uma autêntica autocrítica da própria tradição, feita por Sócrates/Platão, ou em seu nome (o que é coerente com outros passos críticos dos diálogos, como *Timeu* 49b-50a, ou *Leis* X 889a-890a). Notemos, enfim, a unidade e a coerência da nota autobiográfica: Sócrates começa a falar do seu passado, acabando por meditar sobre as circunstâncias presentes que o levaram à prisão. Nessa ordem de idéias, a maior importância deverá ser conferida às reflexões que rematam o passo, sublinhando a imensa dificuldade posta pela exigência de investigar o Bem.

16. Cícero, *Tusculanas* V 4, 10; ver *Acadêmicos* I 4, 15; *Brutus* 8, 31.

17. Sobre o sentido de *aitia* em Platão e em particular neste passo do *Fédon*, tornou-se obrigatório mencionar o clássico ensaio de G. Vlastos, Reasons and Causes in the *Phaedo*, in *Platonic Studies*, 76-110. A tese aí defendida é que na tradução do grego o sentido de "causa" não pode ser separado do de "explicação", que o complementa. Assim sendo, a tradução "causa" deve englobar a de "razão", ou "explicação". Tecnicamente, isto significa que toda a autêntica causa, por excelência aquela que contempla o Bem, deve também ser encarada como a única explicação da realidade causada, a saber, do fato de ela "ser como é".

A TEORIA DAS FORMAS

Poderá parecer drástica a decisão de renunciar de todo ao estudo dessas questões. Mas a crítica platônica não deixa de ter toda a justificação: as investigações naturalistas gregas achavam-se condenadas a produzir indefinidamente variações sobre a teoria cosmológica do vórtice[18], capturadas numa linguagem pseudo-explicativa, cuja impotência Sócrates denuncia.

É, por outro lado, válida a orientação avançada. Não só a tradição pré-platônica é ignorante acerca do tipo de causa buscado no *Fédon*, como a sua introdução vai obrigar a um par de revoluções epistemológicas. Torna-se, portanto, capital compreender para onde apontam as críticas de Sócrates. Toda a questão reside no sentido que atribuirmos à identificação da causa com o Bem.

No contexto do exemplo das causas da prisão, a referência ao Bem constitui a metáfora que Aristóteles identificará como a causa final[19]. De resto, a proposta avançada não exclui a consideração de qualquer outro tipo de causalidade (99b[20]). Limita-se a conferir à teleologia uma função fulcral no saber, atitude plenamente justificada, se tivermos em conta a inovação que a proposta implica.

Dela decorre, porém, uma consequência duplamente negativa: por um lado, vê-se obrigado a abandonar a investigação da natureza física das coisas; por outro, sendo impossível investigar diretamente o Bem[21], será necessário dar suporte à investigação através de uma não menos revolucionária metodologia de investigação, introduzida pelo exemplo dos prejuízos causados a quantos se entregam à observação direta do Sol[22], a qual será exposta a seguir.

---

18. O responsável pela introdução desse modelo cosmológico terá sido Anaximandro, com a idéia de que os contrários brotaram do *apeiron* (DK12B1). Essa tese, note-se, não vem expressa no fragmento subsistente do Milésio, mas lhe é atribuída pela tradição: ver, por exemplo, SIMPLÍCIO, *Phys.* 24, 13 (DK12A9).

19. ARISTÓTELES, *Metafísica* A3, 983a31-32. A metáfora é explicada no início da *Ética a Nicômaco* A1, 1094a3: "o bem é aquilo para que todas as coisas tendem".

20. No *Timeu* 47d-48e Platão explica detidamente sua concepção sobre a causalidade. Começa por apresentar a Forma do Bem, passando em seguida à crítica das concepções correntes sobre as causas. Precisamente aquelas que o *Fédon* refere: o fogo, a terra, ou o quente, o frio etc. Estas, denomina "causas auxiliares". Conclui desenvolvendo sua concepção da "causa errante". Adiante abordaremos este tópico.

21. Implicitamente — e a continuação do passo confirma esta suposição —, a finalidade só poderá ser investigada pela dialética, partindo da aceitação da realidade das Formas (100b). Esta conclusão reitera o ponto de apoio da série de dualidades introduzidas pelo argumento da oposição da alma ao corpo: as Formas inteligíveis só podem ser captadas pelo raciocínio.

22. A idéia é que, dado que a observação direta de um corpo brilhante provoca a cegueira, torna-se necessário recorrer a um refletor. Do mesmo modo, a impossibilidade da

Mas antes de chegar aí é essencial abarcar a magnitude das conseqüências da exigência de Sócrates de, em toda a investigação acerca da natureza das coisas, contemplar a causa final (97c-d). É ela que o leva a advogar a renúncia à observação direta "dos fatos" (99e), para passar a investigar a realidade através de argumentos. Ou seja, proceder, como ao longo deste e de outros diálogos o temos visto proceder, recorrendo ao método de pergunta e resposta para "saber o que é".

O argumento final II

1. Método hipotético: hipótese das formas

De repente, sem pausa ou preparação do leitor, o argumento encaminha-se para a proposta metodológica que esclarece como a concepção de saber que Sócrates veio até agora a desenvolver pode ser aplicada[23].

Para poder captar a finalidade na investigação das realidades há que obedecer a um procedimento metodológico estrito. Em primeiro lugar, o investigador tem de partir da "hipótese mais forte", que adiante Sócrates identificará com a da realidade das Formas. As Formas são enfim a causa/explicação em busca da qual andava (100b).

Mas antes que essa resposta seja encontrada, é estabelecido como princípio determinante da investigação o critério da concordância, pelo qual são consideradas verdadeiras todas as hipóteses coerentes com a hipótese inicial e falsas todas aquelas em que, pelo contrário, não possa se manifestar essa coerência[24].

---

observação direta do Bem obriga a um procedimento de recurso: a investigação por meio dos argumentos.

23. É oportuno notar que o procedimento recomendado aqui é também aquele seguido ao longo do diálogo. O *Fédon* pode, portanto, ser lido como a primeira aplicação da metodologia de investigação proposta no próprio texto.

24. O exemplo mais imediato é o do modo como é debatida a teoria da alma-harmonia. Sócrates (92c) deixa claro que as duas teorias "não são concordantes", pelo que uma terá de ser rejeitada pelos interlocutores. Símias opta (92c-e) e *só depois Sócrates apresenta as suas mais fortes objeções contra a teoria* (92e-95b). Pelo contrário, nenhum dos argumentos apresentados até aí por Sócrates mostrou ser incompatível com qualquer outro; sendo cada novo argumento debatido a partir das conclusões atingidas nos anteriores, depois estendidas a outros domínios. Adiante (101d-102a) Sócrates apresentará um breve sumário de recomen-

As Formas são então apresentadas como a hipótese inicial, a mais forte e "mais difícil de refutar"[25] (85d), aquela que vai permitir a Sócrates concluir primeiro o argumento sobre a causa, depois o outro sobre a imortalidade da alma.

2. Participação

Tendo ficado estabelecido que as Formas são a única causa e explicação que satisfaz as exigências antes apresentadas, resta compreender como. Essa justificação é dada num breve passo, conhecido como a "teoria da participação". Afirma aí Sócrates que "se alguma outra coisa é bela além do Belo em si, não o é por causa de um outro belo, mas por participar daquele Belo" (100c).

Daí resulta que o seu aspecto sensível — "bela cor, ou a figura, ou qualquer outra destas" — não pode ser encarado como a causa e explicação de sua beleza. Esta só poderá ser a "presença" ou "comunhão" com o Belo. E Sócrates conclui emblematicamente que "as coisas belas são geradas [ou "se tornam": *gignetai*] belas pelo Belo" (100d).

E, naturalmente, o mesmo ocorre com as coisas grandes, as pequenas e assim por diante (100e). Ou seja, as Formas são as únicas causas e explicações de as coisas serem "o que" (e "como") são.

3. Resposta às críticas anteriores (96d-97b)

Ora, se assim é, encontramo-nos agora com a proposta a que Sócrates aludiu (97b) para o problema da comparação das grandezas. Explicar a grandeza

---

dações para a aplicação do método. Resumimo-lo aqui para não quebrar a seqüência da análise das Formas: 1. A hipótese inicial deve guiar toda a investigação; 2. se atacada, a sua coerência com as objeções deverá ser examinada (ver *Mên.* 87c-97c); 3. se questionada, o mesmo procedimento deverá ser seguido, introduzindo outras hipóteses "mais altas", até se chegar a um resultado satisfatório; 4. a discussão das hipóteses nunca deve se misturar com a de suas conseqüências.

25. O termo é usado por Símias (85c-d) para caracterizar o procedimento que deve ser adotado por quem quer que se arrisque a investigar questões complexas, como aquelas com que os investigadores se têm confrontado. Essas reflexões metodológicas — que servem de introdução à teoria da alma-harmonia — evidenciam, pelo recurso à acumulação de comparativos e superlativos, um paralelo com o passo em apreço.

de um homem em relação a outro, por exemplo, pela sua cabeça, é não só inconsistente como contraditório[26].

Esta explicação da causa não pode ser aceita por violar os princípios antes estabelecidos. Primeiro, não atende à finalidade, limitando-se a "explicar" um fato pela sua descrição sensível (o fato é descrito pela sua imagem: ver 99e), ou seja, sem verdadeiramente explicá-lo[27]. Depois, não aceita a única hipótese explicativa da causa: a Forma.

A proposta de Sócrates é ainda mais clara no caso da comparação do 10 com o 8. A causa não pode ser 2 (que é apenas a medida da diferença), mas a participação no Número: o Número 10 é maior que o Número 8. E o mesmo princípio valerá para as operações subseqüentes. Não são estas a sua causa, mas a participação nos Números correspondentes.

4. As grandezas relacionais

Esta proposta conduz a outro problema. Se as Formas, imutáveis e inteligíveis, são a causa de os mutáveis sensíveis "parecerem" (ou "serem e não serem") aquilo que parecem, como podem elas causar e explicar a mutabilidade que não têm?

Será necessário recorrer a vários exemplos para compreender como. Comparando as alturas relativas de Fédon, Símias e Sócrates, percebemos que Símias "é" maior que Sócrates e menor que Fédon. Sabendo que Símias não é maior que Sócrates pelo fato de ser Símias e Sócrates ser Sócrates (102b-c), mas pela participação do primeiro na Grandeza e do segundo na Pequenez[28], o inverso ocorrendo a Símias em relação a Fédon (102b-c), então ele é chamado pequeno e grande (102c-d).

Como pode então explicar-se que num caso a Grandeza seja a causa da sua grandeza e noutro a Pequenez cause a sua pequenez? Então, ele "é" grande ou pequeno? Aí se condensa o problema posto pelo sensível.

---

26. No primeiro caso, a cabeça será causa e explicação de um ser maior que o outro e este menor que o primeiro. No segundo, não se percebe como é que uma cabeça, que é pequena, pode ser causa de alguém ser grande.

27. "A cabeça" é a medida do excesso de um homem em relação ao outro, não a explicação desse excesso. Se o que se pretende atingir com uma explicação causal é a elucidação daquilo em virtude de que algo acontece, "a cabeça" será um mero efeito visível da causa do excesso, que só pode ser a grandeza.

28. Pois, se assim fosse, a grandeza e a pequenez seriam as próprias naturezas de Símias e Sócrates e não "propriedades" que têm relativamente (*pros ti*) um ao outro.

Uma vez reconhecido que Símias nunca "é" (seja o que for, a não ser ele próprio: ver 102b-c[29]), fica claro que qualquer atributo lhe é concedido sob reserva, "por participação". Nesse caso, ou a Grandeza, que nunca participa da Pequenez, tal como a "grandeza em nós"[30], "foge ou retira-se", ou então "perece"[31], quando o seu oposto "avança" para ele (102d-e).

Esses casos não podem, porém, confundir-se com os outros a que antes (70c-72b) se aludiu, pois aqui encontramo-nos perante Opostos inteligíveis, enquanto antes a geração de um contrário a partir do outro ocorria no mundo sensível (103a-b).

5. OS UNIVERSAIS CONCRETOS: FOGO E NEVE (103C-E)

A propósito desta questão, levanta-se outra, que com ela se relaciona. De um lado estão o Quente e o Frio, do outro o fogo e a neve. O que ocorre quando estes dois se aproximam um do outro? Ou o fogo derrete a neve, ou a neve apaga o fogo. Quer isto dizer que em nenhuma circunstância a neve admite o calor, ou o fogo, o frio. Daqui se pode concluir que não apenas a Forma tem direito ao mesmo nome o tempo todo, mas há algo mais: "que não é a Forma, mas tem a forma (*morphên*) dela enquanto for"[32] (103e).

---

29. Esta observação casual estabelece a identidade pessoal como o único registro que viola o dualismo ontoepistemológico, legitimando a atribuição do "ser" a uma natureza sensível. Constitui um problema interessante definir se o suporte desta atribuição cabe ao corpo, à alma ou ao temporário encontro de ambos.

30. A participação da Forma "em nós" (*en hêmin*) é a formulação que completa a descrição das três entidades da ontologia platônica. Até agora encontramos as Formas e as suas instâncias, agora damo-nos conta das "propriedades" que resultam da participação das instâncias em suas Formas e são nomeadas a partir delas. A tese da "eponímia" engloba, portanto, não apenas os indivíduos cujo nome procede de sua Forma (é evidentemente o caso dos números), mas também as propriedades que os sensíveis possuem, em virtude de participarem das Formas.

31. Estas metáforas descrevem: as primeiras, a perda temporária de uma propriedade; a segunda — nítida nos exemplos apresentados a seguir —, a destruição total da propriedade, acarretando a do ente que a suporta; a terceira, o início da participação na Forma oposta.

32. A saber, que seja aquilo que é, ou exista com as propriedades que o caracterizam. Acham-se aqui fundidas a existência, a identidade e a predicação. O exemplo documenta perfeitamente a impossibilidade de ler a "existência" como um predicado que emerge separadamente.

6. Os números (103e-105c)

Esta propriedade é também válida no caso dos números, que além do seu próprio nome — Um, Três, Cinco etc. — são chamados por outro: o de Ímpar (o mesmo ocorrendo com Dois, Quatro, Seis, em relação ao Par), embora não se possam confundir estes nomes.

A conclusão que resulta deste caso é que "não apenas os contrários (*tanantia*) se não admitem uns aos outros, mas também as coisas que, não sendo contrárias, sempre têm os contrários" (104b).

De modo que a mesma destruição que sofre a Grandeza, quando é submetida à presença do seu Contrário, é sofrida pelo fogo e pela neve, pelo Três, ou por qualquer outro número, quando são ameaçados não pelo seu contrário, mas pelo Contrário daquele que têm em si (104b-c): seja o Frio, o Quente, o Par ou o Ímpar. Portanto:

> não apenas os contrários não admitem os seus contrários, mas nada que transporte um contrário àquilo de que se aproxima alguma vez admitirá a contrariedade (*enantiotês*) daquilo que é transportado (105a).

A mais interessante conseqüência daqui resultante é que à pergunta anterior acerca da causa de algo estar quente (que antes teria de ser: o Quente) se pode responder agora que é o Fogo. E, por analogia, o mesmo valerá para a pergunta sobre a causa de o corpo estar doente, à qual se responderá que é a febre (e não a Doença), e para o número ímpar, que é o Um (e não o Ímpar).

Por analogia, o mesmo valerá também para a pergunta sobre a causa da vida do corpo. A resposta — é a alma — mostra que a relação entre a alma e a vida é a mesma que liga cada natureza ao Contrário que tem em si. É desse modo impossível admitir que a alma receba a morte, que é o Contrário da Vida.

*

Em comparação com a primeira, é bem menor a importância desta segunda parte do argumento final. Introduzidas as grandes inovações:
— concentração do saber na finalidade;
— investigação através dos argumentos;
— método hipotético[33] —,

---

33. Em bloco, conducentes ao abandono das investigações naturalistas.

o diálogo entrega-se à descrição dos procedimentos adequados à nova metodologia. Mas é neste passo que as Formas emergem de modo que permite a sua articulação numa teoria autônoma. E de tal maneira que o regresso à imortalidade da alma surge como um apêndice, embora, desde o início, fosse essa a conclusão visada pelo argumento final.

Introduzida a hipótese das Formas, o passo irá sucessivamente mostrar como:
1) são a única causa e explicação da realidade sensível;
2) é partir delas que deve ser constituída a investigação;
3) devem ser encarados os seguintes casos particulares:
   a) a explicação da mutabilidade do sensível;
   b) a variação das grandezas relacionais;
   c) a presença das Formas contrárias em suas instâncias.

Com esta conclusão acha-se completa a armação da teoria e bem exemplificado o modo como se aplica à investigação do real. De resto, como já dissemos, todo o *Fédon* constitui um perfeito exemplo dessa aplicação.

O argumento da oposição da alma ao corpo depende integralmente da afinidade da alma com as Formas, delas dependendo a necessidade de investigar através da Razão, com expressa renúncia à sensibilidade. O argumento da anamnese mostra precisamente por quê: primeiro, porque as Formas estruturam a percepção do sensível, tornando possível o acesso ao saber; depois, porque são elas que constituem a realidade inteligível. O argumento final coroa esta progressão, formulando, primeiro, a teoria, depois aplicando-a à investigação de uma série de casos relevantes.

Formas na *República*

Livro V

Depois de muitas aparições não-técnicas[34] e algumas técnicas (ver 435b2, ou 445c, com o sentido de Forma), que, porém, nada trazem de novo para a compreensão da teoria, no final do Livro V as Formas são levadas ao primeiro plano da investigação. O tópico em disputa é a perfeita caracterização do filósofo.

---

34. Na maioria das vezes com o sentido de "espécie", "tipo" ou parte de um gênero divisível em espécies.

1. Os dois "amadores de espetáculos"

Após tê-lo destacado, entre os "amadores de espetáculos", como aquele que "ama contemplar a realidade" (ou a "verdade": *alêtheia*, 475c), Sócrates sente-se obrigado a mostrar em que é que este espetáculo se distingue dos outros. Pede então que Glauco lhe conceda que o Belo e o Feio, sendo contrários, são dois, logo cada um deles é um. Volta-se então para a natureza das Formas. O passo merece transcrição integral:

E acerca do Justo e do Injusto, do Bom e do Mau e de todas as Formas sobre as quais é o nosso argumento, cada uma delas é em si uma, mas como aparecem (*phantadzomena*) por toda parte em comunhão (*koinôniai*) com ações, corpos e umas com as outras, cada uma parece (*phainesthai*) muitas (*polla*)" (476a).

Aceito este ponto, torna-se então possível perceber a relevância da distinção que opõe o filósofo àqueles que contemplam as belas vozes, cores, figuras e outras, "mas [cujo] pensamento é incapaz de ver e amar a natureza do Belo em si" (476b).

É esta incapacidade que importa compreender perfeitamente. A vida de um homem destes é caracterizada como um sonho, dado ser própria do sonho a confusão entre a realidade e a imagem que a ele se assemelha[35] (476c). E, porque vive num sonho, não é, ao contrário do filósofo, capaz de contemplar o Belo em si e cada uma das coisas que participam dele, sem confundir os dois. Chamamos então "conhecimento" (*gnômên*) ao pensamento (*dianoia*) daquele "que conhece"[36] e "opinião[37]" (*doxa*) ao do outro, "que opina" (*doxadzontos*: 476c-d).

---

35. Sonhar é ver — para um grego, "vêem-se" os sonhos — a imagem (*eikon*) de alguém ou alguma coisa, julgando que se viu o próprio (*auto*) original. É óbvio o parentesco desta confusão com a dualidade, revelada no argumento da anamnese, no *Fédon*, que opõe a percepção da imagem sensível à reminiscência da Forma que a ela se refere. A argumentação contra a aparência, lembremo-lo, castiga a defesa que dela fazem as descrições da justiça com as quais Glauco e Adimanto desafiam Sócrates, no início do Livro II.

36. Ou "que sabe", portanto que tem "saber", como temos encontrado até aqui. Qualquer dos termos traduz perfeitamente o grego. A preferência por "conhecimento" (comum à esmagadora maioria das traduções), sendo para Platão de todo irrelevante *neste contexto*, resulta da prática lingüística hoje corrente. Todavia, como veremos adiante, à distinção entre "saber" e "conhecimento" será conferida a maior importância na interpretação aqui apresentada, pelo que convém assinalar o que mais adiante poderá parecer uma discrepância.

37. Ou "crença". A distinção é artificial. Todavia, embora o termo grego seja o mesmo — *doxa* —, há razões para mantê-la.

2. As três "competências"

Ora, é esta nova distinção, que talvez não seja mais que a explicação da anterior, que convém analisar em profundidade. O argumento começa com uma inesperada pergunta indireta, que inicia um breve mas esclarecedor diálogo:
— Aquele que conhece conhece alguma coisa (*ti*) ou nada?
— Conhece alguma coisa (*ti*).
— Que é ou que não é (*on ê ouk on*)?
— Que é; pois como poderia conhecer o (*ti*) que não é? (476e-477a).

Daqui decorre a íntima associação do "conhecer" ao "ser", bem como a conseqüente e correspondente associação da incognoscibilidade ao não ser. Levanta-se então a pergunta acerca "daquilo (*ti*) que é e não é". Não se situará "entre" (*metaxy*) "o ser puro" e o "o que pelo contrário não é de modo nenhum" (477a)?

Encadeia-se então uma série de explicitações. O conhecimento é sobre (*epi*) o ser, a ignorância (*agnoia*) sobre o não ser, a crença sobre o que se acha "entre" os dois. Todas elas são designadas como "competências"[38], distintas umas das outras, exercendo-se sobre "coisas diferentes"[39] (477b) e definidas como "o gênero de seres pelos quais os que podem fazem as coisas que fazem" (por exemplo, ver e ouvir: 477c). Em cada competência atenta-se "naquilo sobre que se exerce" e "no [efeito] que produz". Por isso cada uma é chamada e se distingue das outras (477c-d), daqui resultando relevantes conseqüências[40].

---

38. O grego é *dynameis* (no singular, *dynamis*). Com Aristóteles tornou-se habitual traduzir este termo por "potência" (em oposição a "ato": *energeia, entelecheia*) e por "faculdade", a capacidade que habilita um órgão a desempenhar a sua função (os dois sentidos acham-se admiravelmente associados no *Da alma* B1, 412a3-413a10). A tradução "competências" pretende evitar a confusão destas "potências" platônicas com a "faculdade" aristotélica, pelo fato de esta *se poder achar associada a um órgão específico*. Como veremos a seguir, as competências podem *ou não* ter a ver com órgãos e nunca são específicas, daqui resultando confusões danosas para o argumento da *República*.

39. É clássico introduzir aqui o termo "objeto" para um pronome grego, no caso *allôi*: "outro", na mesma forma para o masculino e o neutro. Preferimos sacrificar a elegância da língua portuguesa à fidelidade à formulação original, por duas razões: primeiro, a referência ao objeto remete à de um sujeito, de todo impossível de ver em Platão; segundo, essa tradução acarreta conseqüências filosoficamente insustentáveis, como veremos adiante.

40. Sintetizando as três competências num esquema, temos:

nome	exerce-se sobre	efeito
saber (*epistêmê*)	ser (*on*)	saber (*epistêmê*)
crença (*doxa*)	aparência (*doxa*)	opinião (*doxa*)
ignorância (*agnoia*)	não ser (*mê on*)	ignorância

Das competências, inconfundíveis umas com as outras, distinguem-se "o saber"[41] e a "crença", definida como "aquela que permite opinar (*doxadzein*)". A primeira é infalível, a segunda não. Cada uma delas exerce-se sobre algo diferente da outra: aquela é sobre o ser ("o cognoscível": *gnôston*), enquanto esta opina sobre "o opinável" (*doxaston*). Daqui resulta a impossibilidade de o cognoscível e o opinável serem os mesmos (477e-478b).

Sobre que conteúdo se exercerá então a crença? Se não é sobre o ser ou o não ser, terá ainda assim de ser sobre algo, pois de quem opina não se pode dizer que opine nada (nem sobre nada!: 478b). Então, se ao não ser corresponde a ignorância e ao ser o saber, a crença acha-se entre essas duas competências, exercendo-se sobre o que "é e não é ao mesmo tempo" (478b-e).

3. As multiplicidades que "são e não são"

Esta é, portanto, a multiplicidade das coisas belas e feias, justas e injustas, piedosas e ímpias. São estas que a todos "parecem" de um modo e do outro. As quantidades duplas parecem metades, as coisas "não se dirão" grandes mais do que pequenas, as leves mais que pesadas, em suma, não se podendo "dizer" que são mais do que não são uma coisa ou o seu contrário (479a-b).

Colocadas entre o ser puro e o não ser pelos "contempladores da multiplicidade" — tal como antes por aquele "que não crê numa Forma do Belo, sempre idêntica a si própria" (479a) —, nenhuma dessas coisas belas, justas ou outras, revelará mais que a opinião daqueles que "nada conhecem das coisas que opinam" (479d-e).

Ao contrário, dos "contempladores das coisas em si, sempre idênticas a si próprias", se dirá que "conhecem, mas não opinam" (479e). Por essa razão, enquanto os primeiros amam contemplar as belas vozes, cores etc., mas não suportam a realidade do Belo (479e-480a), podendo ser chamados "filodoxos", aos segundos pode-se com propriedade chamar filósofos (480a).

*

Como interpretar este tão bem articulado argumento? Não é difícil, se percebemos como cada uma das três partes que o constituem serve a uma finalida-

---

41. Voltamos pontualmente à tradução do termo grego *epistêmê* que até aqui seguimos, reforçando os argumentos antes apresentados, para, *neste contexto*, não a distinguirmos das traduções "conhecer" e "conhecimento", ao longo deste passo favorecidas.

de específica. Uma vez explicitada a hipótese inicial (475e–476a) — tal como no *Fédon* —, a primeira começa com a distinção dos dois "amadores de espetáculos" e conduz à oposição entre a crença e o saber.

É esta que desemboca na exposição das naturezas das três competências e relações que entre si mantêm. O passo é de uma enorme importância, constituindo-se como *a primeira exposição unitária da atividade cognitiva que encontramos na tradição filosófica*, esboçada de uma perspectiva epistemológica, complementar da apresentada no argumento da anamnese do *Fédon*[42], também ela adiante complementada, de uma perspectiva ontoepistemológica, pela análise das seções da Linha, inserida no final do Livro VI.

É ela que, finalmente, impõe a necessidade de distinguir com clareza as duas competências cognitivas que se exercem sobre realidades diversas e produzem efeitos bem definidos, conduzindo à perfeita caracterização do filósofo e do filodoxo, a qual completa o argumento, fechando-o sobre si próprio.

Nesta unidade, confrontamo-nos com alguns delicados problemas de interpretação. Têm a ver com a natureza das Formas (476a) e a relação entre originais e imagens (476c). Mas mais importante que estes será aquele que é costume designar pela expressão "teoria dos dois mundos"[43]. É ao seu exame que passaremos em seguida, já que a compreensão de todo o passo depende dele e os outros deverão ser abordados em outro contexto.

Se o saber e a crença se exercem sempre sobre "objetos" diferentes, desaparece qualquer possibilidade de ler o argumento como uma exposição unitária da atividade cognitiva. Pois, se os "saberes" e as "opiniões" não se comunicam, nem se articulam uns com os outros, não há qualquer possibilidade de trânsito entre eles. Os filósofos achar-se-ão perpetuamente condenados ao saber, distantes dos outros mortais, que só poderão aspirar à produção de opiniões[44].

---

42. Não é difícil perceber como as competências platônicas discretamente superam a cisão eleática que opõe a realidade à aparência (DK28B6, 7). Toda a concepção assenta na tese segundo a qual tanto o saber quanto a opinião *se exercem sobre algo* (478b-e, 479a-d).

43. *Two World Theory*. Encontramo-la com esta designação em G. FINE, Knowledge and Belief in the *Republic* V, *Archiv für Geschichte der Philosophie* LX (1978) 121-139. Mas a dificuldade já antes tinha sido levantada por J. HINTIKKA, *Knowledge and the Known*. Historical Perspectives in Epistemology, Dordrecht/Boston, 1974, 1-30.

44. Esta concepção destrói a interpretação, antes apresentada, do diálogo com o escravo, do *Mênon*, tornando impossível a "sistematização das opiniões verdadeiras". Se, por outro lado, introduzimos neste esquema a terceira competência — a ignorância —, a questão torna-se ainda mais complicada.

Como contornar então a exigência de distinção das três competências, essencial ao argumento? A solução apresenta duas vertentes. A primeira é a da tradução. A introdução do termo "objeto" deve ser evitada a todo custo. Aí, porém, o texto grego auxilia-nos quer fornecendo os artigos e pronomes neutros (habitualmente traduzidos com termo indefinido, "coisas"), quer repetindo os "sobre" expressos nas formulações das competências.

A segunda vertente exige maior atenção, pois teremos de encontrar um substituto para "objeto", para denotar as entidades epistemológicas sobre as quais as competências se exercem. Mas a dificuldade já foi resolvida[45], desaparecendo, se recorremos ao termo "conteúdos" para referir coletivamente essas entidades[46].

Mas há ainda um imenso problema filosófico, subjacente a toda a exposição, que explica a importância que esta ocupará no tratamento que a questão do saber recebe nos livros centrais da *República*. Aquilo que distingue o filósofo da generalidade de seus concidadãos é o seu reconhecimento da posição desempenhada pela hipótese das Formas em qualquer empresa que vise atingir o saber (como o *Féd.* 76e mostrou). Torna-se, portanto, capital começar por denunciar o erro dos homens comuns, para poder apresentar o remédio que poderá erradicá-lo.

Entendido deste modo, o tratamento recebido pela questão do saber na *República* constitui, uma vez mais a par de sua justificação no *Fédon*, o manifesto do filósofo contra o desprezo que a ele votam seus concidadãos[47].

4. A "fusão" das leituras de *einai* na *República* V

Em comparação com o tratamento recebido no *Fédon*, o argumento da *República* registra um desenvolvimento da questão. O passo 476e-477a, antes

---

45. A expressão é usada por G. Fine, op. cit., 124.
46. Nada obsta a que diferentes competências se exerçam sobre conteúdos diferentes, de forma a tornar-se possível o trânsito entre eles. Por exemplo, no caso do diálogo com o escravo, a imagem do quadrado é o conteúdo da crença do jovem, enquanto Sócrates raciocina sobre a Forma do Quadrado. Mas o exercício da reminiscência vai tornar possível a gradual transformação das opiniões do escravo. Embora nunca chegue a atingir o saber, a compreensão de que o problema é resolvido pela diagonal inicia o processo de reminiscência da Forma, que o levaria a mudar de competência e de conteúdo cognitivos. A vantagem desta interpretação está em permitir que os mesmos objetos (o quadrado desenhado, a Forma do Quadrado) sirvam de conteúdo a diferentes competências, exercidas por diversos investigadores ou pelo mesmo.
47. Veja-se a expressão social e política deste conflito na resignada constatação da impossibilidade de fazer a multidão aceitar que o Belo e cada uma das Formas em si são (*einai*), mas não as muitas belas coisas e a multiplicidade, em geral (VI 493e-494a).

citado, começa por nos apresentar o que se oferece como uma leitura "completa" de *on*. À primeira vista, impõe-se a tradução "que existe".

No entanto, é inevitável que essa tradução, lexicalmente correta, levante uma série de problemas, além de cancelar aqueles que todo o passo põe ao leitor. Para começar, perguntemos: se só o "que existe" pode ser conhecido, como se pode conhecer algo que "existe e não existe" (no qual se inclui o próprio cognoscente)?

Foi para ultrapassar dificuldades como esta que Vlastos propôs a noção de "graus de realidade"[48]. O "que é de todo o modo" (*pantelôs on*) é "cognoscível de todo o modo"[49] (*pantelôs gnôston*), por ser "mais real" que a sua imagem, que só pode ser conhecida de um único modo: pela sensibilidade. É conhecido pelo pensamento, que atesta sua imutabilidade, sua eternidade, sua perfeição, sua autenticidade e sua realidade (os atributos condensam a totalidade dos modos pelos quais o ser é conhecido; é o caso paradigmático dos números, das figuras geométricas etc.).

Todavia, se os três primeiros atributos acima exibem traços da leitura identitativa de *einai* e os últimos dois da veritativa, o *on* de 477a1 deve ser lido como uma incompleta elidida: "que é... todos os atributos enumerados". Conseqüentemente, a tradução "existe" deve ser afastada, pois "separa" a existência dos predicados formais, aos quais a noção de "ser", apoiada no verbo *einai*, a associa.

Mas só depois de este resolvido se declara o problema principal que o passo expõe: o do estatuto reservado a "alguma coisa" (*ti*). É que esta "coisa", não podendo confundir-se com "nada", terá também de "ser", embora não de "todo o modo"! A solução residirá em defender que "é e não é" (477a passim), de novo com as leituras antes assinaladas.

A constatação começa por revelar o paradoxo já encontrado, pois uma coisa que não pode "ser e não ser" mutável, perfeita etc. tem de encontrar o seu modo de "ser". Este será "é isto e aquilo" e depois o seu contrário (479a ss.), nessa oscilação condensando a sua natureza fluida. A distinção resolve o problema associando o estatuto ontológico das naturezas visíveis ao modo do conhecimento sensível. Com ela emerge uma nova leitura de *einai*: a predicativa.

---

48. Em Degrees of Reality in Plato, o autor mostra que, enquanto a noção de "realidade" admite graus, a de "existência", não. Embora uma imagem não exista menos que o seu original, no espelho, nomeadamente, não é real, podendo dizer-se que é "menos real".

49. A tradução "existe absolutamente" remete a um plano transcendente, reservado ao ser e às Formas, distinto da imanência, na qual "existem" os seres que povoam este mundo. Cremos que esta interpretação falseia a proposta do dualismo platônico, como se verá.

O complexo ontoepistemológico descrito é reconhecido, mediante a aceitação da prioridade do ser sobre a aparência (*Fédon* 74 ss.).

Dela deriva a concessão da infalibilidade ao saber e a sua denegação à opinião (477e). Mas todo o argumento repousa sobre uma condição, uma hipótese inicial, não expressa: a de que, *para haver um saber*, terá de haver um "ser", ou seja, Formas (479a-480a; ver *Féd.* 100a-b).

É oportuno notar que estas são concedidas pelo interlocutor, ou objeto de um argumento, nunca postuladas. Por essa razão, não há como apelar para sua existência. Mas daqui não se segue que o termo e a noção possam ser dispensados pelo tradutor. Basta ficar atento ao contexto, de modo a perceber quando, pelo fato de cancelar as outras leituras do verbo, o argumento platônico é oculto.

5. Pode-se falar de uma teoria das Formas?

Desta análise do passo decorre uma questão: deveremos encarar este argumento como uma teoria sobre as Formas? Cremos que, aceita a sua estrutura condicional, não dogmática, é indiferente encará-la ou não como uma "teoria".

Torna-se, porém, necessário requalificar a natureza "transcendente" das Formas, reconhecendo que não remetem a uma "existência superior". Às Formas caberá um diferente estatuto, expresso em seus atributos propriamente "formais", "eidéticos" (imutabilidade etc.), ao qual haverá um modo único de acesso: o pensamento, expresso pela linguagem, na investigação dialética.

Mas é evidente que só podemos chegar a esta conclusão gradualmente, montando passos dos diferentes diálogos (até agora, *Mênon*, *Fédon*, *República* V) e atribuindo a teoria daí resultante ao autor dos diálogos: Platão. Nada nos impede de fazê-lo. Não poderemos, contudo, deixar de reconhecer que seu autor poderia tê-lo feito e, pelo contrário, deliberadamente se recusou a fazê-lo[50] (*Carta* VII 344d-e; *Fedr.* 276d, 277e-278b).

Parece-nos também indisputável que esta teoria não deve constituir o núcleo do pensamento platônico, identificado com o qual o autor dos diálogos ficará

---

50. Há um único traço comum aos passos citados: a exigência de "saber" aquilo sobre o que se escreve. É nele que, a nosso ver, se apóia a "recusa" de escrever "tratados" (*syngrammata*: 341c) "sobre as primeiras e mais elevadas questões acerca da natureza" (*Carta* VII 344d). De resto, tanto o contexto quanto as finalidades dos dois argumentos se distinguem. Voltaremos a esta questão adiante.

para sempre. Trata-se de uma montagem, repetimos, pela qual cada intérprete será responsável.

Do mesmo modo, a sustentada crítica de Aristóteles às Formas e a Platão não passa também de uma construção, cuja fidelidade e cuja autenticidade ao pensamento do Mestre não temos elementos para julgar em termos decisivos. Como é claro, quaisquer associações desta construção a teorias alegadamente platônicas, como as dos "números matemáticos", ou da "mônada e díada indefinida", cuja presença nos diálogos é discutível, nos parece indevida.

Livro VI

Outra conseqüência do argumento do Livro V é a identificação do ser com as Formas. Doravante, é ainda mais claro que falar de um é falar das outras. Deixa, portanto, de se tornar necessária quer a aparição do termo *eidos*, quer a das fórmulas a que Platão habitualmente recorre para fazer menção às Formas[51], para podermos estar certos de que o texto a elas se refere.

1. O Bem[52]

Depois de abordar a descrição do filósofo e detidamente se confrontar com o problema de sua situação na cidade atual (484a-497a), Sócrates concentra-se na definição das funções que deverá ocupar na cidade ideal. Uma primeira abordagem da questão do poder conduz, porém, à condição da qual depende o governo da cidade ideal: que se parta do conhecimento da Forma do Bem (505a-b).

O texto não podia ser mais enfático: de nada nos servirá o que quer que saibamos, nem nada poderá ser-nos útil, se não possuirmos o Bem. E a razão é

---

51. Expressões como "em si e por si" (*auto kath'hauto*), "a própria...", ou "... em si" (*auto to...*), além das formas de *einai* que remetem expressamente ao ser: "que é" (*ho estin*), "realidade", "entidade", "ser" (*ousia*), além das referências à "realidade", "verdade" (*alêtheia*), além do nome da Forma, antecedido do artigo neutro *to*. Parece-nos que todas estas expressões denunciam a diversidade de leituras de "ser", que a noção de "Forma" condensa.

52. Aceitando uma longa tradição continental, traduzimos *to agathon* por "o Bem", quando a rigor deveríamos traduzir por "o Bom". O fato de seguirmos a tradução habitual não deverá, porém, obscurecer a certeza de que é a substantivação da forma adjetiva neutra que se acha no texto: portanto, "o Bom" (em grego, como em inglês ou alemão, não há forma de distinguir "bem" de "bom").

simples: "haverá alguma vantagem em possuir o que quer que seja, se não for bom; ou em tudo saber (*phronein*), sem o Bem, nada sabendo de Belo e de Bom?" (505b).

A idéia será clarificada um pouco mais adiante (595d-e). Por ora, prosseguindo na via até aí seguida, Sócrates mostra como sua concepção do Bem se acha em minoria na cidade atual. Para a multidão, o Bem identifica-se com o prazer, enquanto para os "mais refinados" consiste na "sabedoria" (*phronêsis*).

Mas uns e outros não podem deixar de se achar no erro. Os segundos porque falar da sabedoria só remete indiretamente ao Bem, já que só ele poderá ser o alvo visado por essa sabedoria. Os primeiros porque a necessidade de distinguir bons de maus prazeres[53] coloca sua resposta no mundo da multiplicidade sensível, em que uma qualidade é tanto ela própria quanto o seu contrário (505c-d; ver V 479a ss.).

Na sua maior simplicidade e abrangência, o Bem será apenas aquilo "que toda a alma persegue e a finalidade de tudo aquilo que faz" (505d-e).

A identificação do bem com a finalidade — complementar da concepção esboçada no *Fédon*[54] — deixa, porém, o problema do seu conhecimento por resolver. Dada a dificuldade da questão, Sócrates opta por recorrer a uma analogia.

2. Analogia do Sol

Se aceitarmos que o Sol desempenha no mundo visível a função que cabe ao Bem no inteligível, poderemos compreender como ele é a causa do saber e do ser[55], achando-se ainda para além deles[56] (508e-509a, 509b).

---

53. É esse incontornável obstáculo que arruína as pretensões de Cálicles a uma vida de licenciosidade e incontida satisfação das paixões (*Gór.* 494e-499b).

54. Outro sentido não terá esse poder abrangente, que tudo congrega (99c), apontado como a única verdadeira causa da geração e corrupção. É porque o Bem é o fim último de todas e cada uma das coisas que só o conhecimento do Bem pode proporcionar o conhecimento do todo.

55. Adiante examinaremos em profundidade as duas analogias do Livro VI e a alegoria da Caverna. Por ora, limitamo-nos a uma tentativa de clarificação das metáforas platônicas, apontando os diversos aspectos em que se manifesta o poder causador e regulador das Formas sobre o sensível.

56. Por ora, devemos apenas reter esta nota em que é afirmada a transcendência do Bem. Tentaremos compreendê-la a seguir.

Esta declaração reafirma e aprofunda, de modo misterioso, todas as referências ao Bem até aqui encontradas. Todavia, o modo como estes dois mundos se articulam e podem ser explorados, de forma a ser possível o trânsito de um para o outro, ainda não foi revelado. É essa a função da analogia da Linha.

3. Analogia da Linha

A analogia pretende representar a diversidade dos "reinos" governados pelo Bem e pelo Sol (509d): o inteligível e o visível, contemplados na primeira divisão, superior, da Linha. Desta perspectiva, a referência ontológica do esquema é inescapável, pois Sócrates vai falar de realidades existentes neste mundo. E, na verdade, a subseqüente divisão de cada uma das duas partes em duas seções é bem explícita acerca dos conteúdos representados.

Seguindo a ordem do texto: a inferior abarca as imagens refletidas, a seguinte, os originais dessas imagens, constituindo aquilo que costumamos designar como o mundo visível (510a: o "nosso" mundo, dos seres vivos, das plantas e dos artefatos).

Todavia, depois da descrição do visível, o estilo da abordagem muda inopinadamente, sugerindo que a seção inferior da Linha serve apenas de introdução — e não só — ao que se segue[57]. Esta idéia resulta da pontual observação que assinala a transição de uma para a outra seção. Da comparação dos dois segmentos do visível — "um com verdade, o outro não" — emerge um comentário esclarecedor: "assim como o opinável está para o cognoscível, assim está o que se assemelha àquilo a que se assemelha" (510a).

Com esta inequívoca referência à confrontação das duas competências do Livro V (477d ss.), voltando ao esquema, percebemos sem dificuldade que "aquilo a que se assemelha" são os originais visíveis e "o que se assemelha" as suas imagens.

---

57. A sugestão é a da analogia entre o visível e o inteligível. Tal como o visível se acha dividido em dois segmentos, o primeiro dos quais é constituído pelas imagens de que o outro é o original, também a seção do inteligível se acha dividida desse modo. Esta interpretação aprofunda a idéia de que "a função de toda a Linha inferior é puramente ilustrativa", já antes avançada, mas imperfeitamente enunciada por R. C. Cross, A. D. Woozley, *Plato's Republic, A Philosophical Commentary*, London, 1964, 210.

Todavia, afirmar que a relação entre estes é análoga à que antes encontramos entre o cognoscível e o opinável implica alterar a perspectiva que comanda a análise. Se até aqui a relação era entre coisas existentes no mundo, agora será entre modos de conhecê-las. Dito de outro modo, de uma abordagem ontológica passamos a uma epistemológica[58].

Na verdade, só esta idéia explica a razão pela qual logo de início se faz, pela primeira vez nesta analogia, referência à alma, acrescentando que "nesta seção [a alma] se serve como se fossem imagens, das coisas então imitadas" (510b).

Das diversas diferenças substantivas que opõem os dois modos de abordar o inteligível ressalta a de que,

> ao contrário da outra [seção], a alma parte da hipótese para o princípio não hipotético e, dispensando as imagens, faz caminho através das Formas com as próprias Formas (510b).

O contraste entre esses dois modos de proceder é tão forte que Sócrates se sente obrigado a comentá-lo detidamente (510b-511e), rematando com uma avaliação sintética da analogia da Linha. Mas a grande inovação do passo reside no fato de, pela primeira vez, de modo inequívoco, se mostrar como é possível à alma elevar-se das cópias inteligíveis aos seus originais, tendo — e a referência aos dois quadrados (510d-e) atesta-o evidentemente — antes sido capaz de se elevar do visível ao inteligível.

Livro VII

1. ALEGORIA DA CAVERNA

Na descrição da alegoria da Caverna não se faz uma única referência a Formas até o momento em que Sócrates comenta retrospectivamente o caminho

---

58. Outra relevante conseqüência desta mudança de perspectiva é o abandono da exaustividade. Se até aqui nos encontramos com a totalidade dos seres que povoam o mundo do visível, agora vamos nos deparar apenas com dois modos típicos de encarar o inteligível. S. SCOLNICOV, *Plato's Metaphysics of Education,* London/New York, 1988, 86, 142, 143, repetidas vezes assinala o erro de encarar os modos como descritivos da realidade ("Tanto o Sol como a Linha são mais ilustrativos que classificatórios"). De resto, nem será correto considerar a abordagem anterior exclusivamente ontológica, pois que "existência" deverá ser conferida às imagens sensíveis?

feito do mundo da Caverna para o exterior. Quando, após a assimilação do interior da Caverna ao visível e a subida para fora desta à ascensão ao inteligível, então se refere à Forma do Bem[59] (517c), tornam-se perceptíveis as referências poéticas às sombras e à luz espalhadas pelo texto. No interior da Caverna, o fogo é o análogo do Sol, tal como, no mundo visível, o Sol é o análogo do Bem, no inteligível. Portanto, a saída para o exterior não pode deixar de significar o acesso às Formas.

É este fato que determina a orientação do argumento num sentido inteiramente diferente e inesperado: o da educação[60].

2. Currículo das "disciplinas propedêuticas da dialética"

Depois de um par de considerações introdutórias acerca da natureza da educação (518b-519c; coerentes com a concepção da anamnese[61]) e da conseqüente ligação do filósofo ao poder (519c-521b), a exposição volta-se para a indicação das disciplinas que despertam a reflexão, conduzindo-a ao ser (522e-523b).

No currículo deste modo esboçado, as Formas acham-se evidentemente presentes, logo de início, na aritmética, através da referência à unidade e ao número (524d-525a). O mesmo valerá sem dúvida para a geometria: "saber do que sempre é", "que eleva a alma à realidade" e "que proporciona um melhor acesso às outras disciplinas" (527b-c).

Mas a questão torna-se mais difícil de perceber nas outras disciplinas: a astronomia, a estereometria, a harmonia. Nunca deixa, porém, de ser nítido que o objetivo de toda educação — como é o caso da primeira destas — se acha na dotação da alma com os "paradigmas visíveis" que lhe proporcionarão o acesso ao inteligível (529d-e).

---

59. Em termos perfeitamente paralelos aos anteriormente usados na analogia do Sol (508d-509b).

60. Como é anunciado, de forma habitualmente não notada pelos comentadores, logo nas primeiras linhas da alegoria (514a). Nelas implicitamente Sócrates se refere à educação como transformadora da "natureza humana" (a mesma idéia se colhe em Demócrito: DK68B33).

61. O princípio capital é que a educação não pode consistir no mero fornecimento de informação, mas na integral orientação da alma para a Forma do Bem (518b-519c).

Todavia, como mostrou a análise da seção superior da parte superior da Linha, a única disciplina que procede inteiramente no inteligível, passando das Formas às Formas, até atingir o Bem, é a dialética (511b-d).

3. A DIALÉTICA

Este propósito é anunciado logo no início do exame da disciplina (532a-b). Tal como a visão sensível — que a imita — se eleva do mundo aos astros e daí ao Sol, assim também o homem pode tentar, através da Razão e sem a sensibilidade, atingir "cada uma das coisas que são" até chegar, no termo do inteligível, ao Bem.

A fuga da Caverna é então evocada e assimilada ao estudo das disciplinas propedêuticas (532c-d). Mas a possibilidade de adequadamente chegar a compreender o termo do processo é negada (532c-533a). Resta ainda, contudo, a oportunidade para reafirmar com veemência algumas teses anteriormente avançadas, como as da necessidade de ser capaz de definir cada uma das Formas (533b), da elevação ao princípio não-hipotético, através da rejeição das hipóteses (533c-e), para terminar na listagem das conclusões atingidas pelas duas analogias e a alegoria (533e-535a).

*

Da interpretação deste passo, como vimos dizendo, retiramos por ora as questões relacionadas com a estrutura das analogias. Deixando também por examinar todas as dificuldades que o texto oferece, concentremo-nos no maior problema de interpretação a que chegamos até aqui: o do esclarecimento da natureza do Bem. O que significa afirmar que sua transcendência lhe proporciona o poder gerador e sustentador do ser e do saber? O que poderá ter tal poder a ver com a defesa da hipótese das Formas?

Antes de mais, importa definir o que, neste contexto, se entende por transcendência. Quando, no *Fédon* — e pontualmente em outros diálogos —, se afirma que as Formas têm um poder causador e explicativo de suas instâncias[62], a tese é indicadora da transcendência daquelas em relação às suas instâncias, suportada pela diferença ontológica que as opõe[63].

---

62. Ou simplesmente, quando se defende qualquer coisa tão natural como "é pela sensatez que os homens são sensatos".
63. Como dissemos antes, as Formas são perfeitas, eternas, imutáveis, simples e unas, autênticas, reais, enquanto a natureza das instâncias se manifesta pela negação de todos estes atributos (*Féd.* 78b-e).

A TEORIA DAS FORMAS

Quando, por outro lado, mas a partir desta transcendência ontológica[64], nos damos conta de algo tão simples quanto a invisibilidade das Formas, servindo o fato para confirmar a necessidade de as captarmos através do raciocínio e da reflexão (65e-66a; 79a), fica criada a possibilidade de afirmar a tese da transcendência epistemológica. Esta manifesta-se plenamente quando as Formas são dadas como a única explicação possível para a circunstância de as suas instâncias "serem como, ou o que, são"[65] (*Féd.* 100c-e[66]).

Esclarecido o sentido da afirmação da transcendência, não será então difícil conceder que os predicados "eidéticos", que as Formas possuem, em virtude da diferença ontológica que as opõe às suas instâncias, consubstanciam a transcendência pela qual são causadoras destas.

Esta posição esclarece a questão da transcendência do Bem, ao mostrar a relação entre Formas e instâncias. Mas é possível ir ainda "mais acima", ascendendo à unidade das Formas[67], pensando-a em sua relação com o Bem. Poderemos então, em termos poéticos, afirmar que o Bem transcende o ser e a realidade (*ousia*) pelo fato de possuir e comunicar às Formas todos os atributos que estas possuem, enquanto Formas[68].

O mesmo raciocínio valerá então no plano epistemológico. O Bem transcende o saber pelo fato de só ele poder explicar o modo como a Forma transmite a sua natureza material — "aquilo" que ela "é" (Quente, Frio, Igual, Número,

---

64. Embora, no diálogo, a abordagem epistemológica anteceda a ontológica. É só porque a diversidade da percepção (ou dos conteúdos sensíveis) se mostra deficiente, em comparação com o estatuto das naturezas captáveis pela Razão, que é necessário introduzir a hipótese da reminiscência, como modo de explicar a posse de noções perfeitas, imutáveis, idênticas a si próprias etc.

65. Isso significa que devem exibir, com a deficiência inerente à sua natureza sensível, os atributos materiais que a Forma, e apenas ela, perfeitamente exibe, em conformidade com a natureza que lhe é conferida pela reminiscência.

66. Mas é evidente que a chamada "teoria da participação" surge como elaboração da tese segundo a qual o Bem constitui a única "causa e explicação" de "as coisas serem como são" (*Féd.* 99c; ver 98a). Por outro lado, é evidente que só esta concepção do Bem se adequa à natureza das entidades recordadas.

67. Aqui encarada como a unidade de todas elas no Todo, a que chamamos Bem, e cada uma das Formas como um todo. Ou seja, o Bem é o que confere unidade ao todo das Formas e a cada uma delas, em si e por si. Sem essa concepção, não é possível compreender a unidade do cosmo e, como mostra o *Timeu*, a finalidade da decisão de criar a ordem, resultante da Bondade do demiurgo (*Tim.* 29d-30b).

68. Sendo essa transcendência que confere unidade e finalidade à Forma, por um lado, pela expressão da sua natureza — o que ela é —, por outro, integrando-a no Todo, constituído pela totalidade das Formas.

Força etc.) — às suas instâncias (que "são e não são", por possuírem imperfeitamente essa "propriedade").

Deve sublinhar-se que esta interpretação dos difíceis passos dos Livros VI e VII, em que se afirma a transcendência do Bem, embora integralmente apoiada em textos platônicos, não se acha explicitamente sustentada por passos dos diálogos. Trata-se, portanto, de uma elaboração a partir dos passos acima referidos, que necessariamente envolve um raciocínio conjectural[69].

Livro X

Há na *República* dois passos singulares, que não se acham confirmados em outros locais, repetidas vezes invocados pelos comentadores para substanciar as suas interpretações da teoria das Formas, mas que levantam delicados problemas. Um é 476a, com a defesa da participação das Formas *entre si*[70], o outro é 596a, que declara o seguinte: "Pois costumamos postular (*tithesthai*) uma única Forma para cada multiplicidade, à qual atribuímos (*epipheromen*) um mesmo nome".

Na sua simplicidade, o passo afirma que a cada multiplicidade deve corresponder uma Forma, daí resultando a multiplicação destas[71], em termos que excedem a contenção com que são encaradas no *Fédon* ou na *República* (onde se manifestam como opostos entidades éticas e naturezas relacionais). Poderemos, é certo, dissolver esta dificuldade forçando outra leitura do texto: "Pois costumamos conferir a uma única Forma cada multiplicidade à qual atribuímos um mesmo nome".

Nesta leitura, não se tem de postular uma Forma para cada multiplicidade, mas simplesmente se confere a cada Forma epônima poder sobre a multiplicidade de suas instâncias, cuja unidade é revelada pela comunidade do nome[72].

---

69. Para a apresentação desta interpretação contribuiu o estudo de G. X. Santas, The Form of the Good in Plato's *Republic*, in Gail Fine (ed.), *Plato 1*, Oxford, 1999, 247-274.

70. Tese aparentemente contrária à da unidade, identidade e imutabilidade das Formas. Se as Formas podem "misturar-se umas com as outras" (pela participação), não se percebe como poderão manter os seus atributos eidéticos.

71. Ver as críticas de Aristóteles, *Metafísica* A6 e 9. A dificuldade do problema é denunciada pelo próprio Platão, no *Parmênides*, ao mostrar a indecisão de Sócrates perante a pergunta do eleata: exatamente de que é que há Formas (130b-d)?

72. Leitura que resolve o problema deste passo, mas não dissolve as perguntas do *Parmênides* nem as críticas de Aristóteles.

Na *República*, não é necessário optar entre uma leitura e a outra, pois a continuação do argumento — que incide na oposição da unidade e unicidade da Forma à multiplicidade das instâncias — aceita qualquer delas.

A questão em debate é a da produção de uma multiplicidade de artefatos, nos exemplos do texto. Em casos destes (uma mesa, um banco), é mais fácil admitir que o artífice (*dêmiourgos*) produz a multiplicidade a partir de um modelo único do que pensar que cria um artefato novo cada vez que o fabrica.

Mas o ponto capital incide na admissão do princípio de o artífice da multiplicidade não ser considerado o produtor da Forma (596b). Para tal, torna-se necessário aceder a um novo "demiurgo". Este é criador de tudo — de artefatos, animais, plantas e até dele próprio, da terra, do céu e dos deuses[73] —, sendo à semelhança dele e a partir da sua criação que o acima referido manufator (*cheirotechnês*) produz as suas obras.

O argumento avançado para sustentar a tese da existência de um tal criador é fornecido através de uma analogia: cada homem pode "criar" a realidade que o circunda refletindo-a num espelho. Não pode, contudo, criar a verdadeira realidade[74] (596e).

Em relação, por exemplo, a uma cama, consideremos duas outras obras: a do pintor e a do marceneiro. Nenhuma destas é tal como "o que é", mas apenas se lhe assemelha de um modo pouco claro (597a). Esses obreiros imitam a obra do criador divino, mas há que distinguir cada uma das criações. Uma, que é por natureza, é obra divina. Outra é a cópia desta, da autoria do marceneiro. Outra ainda será a do pintor (597b-c).

A primeira é a única cama que é em si, pois, se fosse mais do que uma, apareceria uma outra, que seria a cama real, em cuja Forma as outras duas participariam. Essa é a razão pela qual Deus ("o criador da natureza": *phytourgos*) a criou una na natureza[75] (597c-d). A segunda é a cama da qual o marceneiro é

---

73. Como pode o demiurgo ser o criador de si próprio? Remetendo à descrição do *Timeu* (29e-47e), não será difícil admitir simplesmente que se torna criador em virtude de ter tomado a decisão de criar (ver adiante 597b). Quanto à totalidade dos seres referidos, acha-se incluída na descrição feita nesse passo da obra.

74. O argumento é elíptico e por analogia. Tal como qualquer homem pode "criar" uma realidade aparente (*phainomena*) com um espelho, torna-se necessária a admissão de um outro criador para explicar a criação da realidade refletida.

75. Postular a unidade e a unicidade da Forma constitui a única maneira de evitar o "argumento do terceiro homem". Se toda a pluralidade é explicada por uma unidade, responsável pela sua produção, é necessário postular a unicidade da unidade, pois, de outro modo, tornar-se-ia necessário postular outra unidade, que fosse única, para explicar essa pluralidade. Este argumento será abordado mais adiante.

artífice. A terceira será ainda a do pintor. E devemos distingui-las porque, enquanto o marceneiro é o imitador da criação divina, o pintor é o imitador da obra do marceneiro, logo, já não da cama criada por Deus[76] (597d-e).

A finalidade do argumento começa aqui a ser percebida, pois, logo após ter sido estabelecido o estatuto do pintor, como "imitador do imitador" — três graus a partir da natureza —, a figura do tragediógrafo é introduzida (597e). Assim sendo, tal como a cama do pintor é uma imitação da aparência, assim também Homero imita uma imitação[77], não podendo ser considerado um educador. Esta é a idéia que o argumento vai desenvolver de várias perspectivas (598a ss.), complementando a crítica da poesia antes apresentada (nos Livros II e III).

Formas no *Fedro*

Não haverá necessidade de consagrar particular atenção à função desempenhada pelas Formas no *Fedro*, pois essa tarefa já foi levada a cabo no capítulo dedicado ao estudo da anamnese nesse diálogo[78]. Será apenas oportuno lembrar mais uma vez o breve passo em que Sócrates refere todo o sentido do saber para o filósofo[79]: "... compreender segundo a Forma as coisas que dizem, indo da multiplicidade das sensações para a unidade, abraçando-as pelo raciocínio" (249b-c).

Na habitual compressão com que nos são transmitidas muitas observações, capitais para a compreensão da concepção platônica de saber, o texto contém toda uma teoria do conhecimento. A atividade cognitiva tem início com a diver-

---

76. Este seu afastamento da criação original faz de sua arte uma corrupção da natureza, pois a finalidade de sua criação já não é a original, mas a de enganar aqueles a quem se destina. Por essa razão, não pode ser sabedor, mas apenas imitador (598c-d; este argumento irá ser, a seguir e com muitos exemplos, repetidas vezes aplicado ao poeta).

77. A ideia é elaborada e só pode se entender a partir do estudo do Livro III (em particular 392d-398b). O poeta imita duplamente ao narrar acontecimentos passados, colocando na boca de suas personagens palavras inventadas por ele.

78. Das várias referências não-técnicas de *idea* no diálogo, nada haverá a dizer. Todavia, um passo relevante deverá ser apenas mencionado aqui: a referência à *idea* da alma, em 246a. Analisá-lo-emos no próximo tomo, no capítulo dedicado à alma, até por ser agora impossível determinar se o termo é aqui usado em seu sentido técnico.

79. O passo anterior refere como sujeito "homem". Todavia, uma vez que o sentido do texto é fornecer a razão pela qual só poderá encarnar na forma humana a alma que tiver, ao menos uma vez, contemplado as Formas, é a essa recordação — que apenas se encontra ao alcance do filósofo — que o passo transcrito alude.

sidade perceptiva, mas só pode prosseguir — é esse o seu único sentido — se a diversidade sensível é submetida ao poder unificador do raciocínio, que as refere à unidade da Forma[80].

Esta mesma idéia é transmitida num outro passo do *Fedro* em que se faz referência a Formas, porém em outro contexto: o da dialética[81] (265d-266a), ou "métodos da coleção e divisão". O discurso (*logos*) é dividido em duas espécies:

> Levando a uma Forma vista em conjunto a multiplicidade dispersa, a fim de fazer evidente cada coisa que se define, sobre a qual se quiser ensinar... (265d);
> [ou] dividindo de novo de acordo com as Formas, pelas articulações naturais, tentando não partir nenhuma parte, como um mau magarefe (265e-266a).

Isso significa que, sobre todas as questões, o discurso ou, no sentido mais lato, a investigação pode ascender da diversidade sensível à unidade inteligível, ou então, tendo atingido a Forma, desce desta para a pluralidade de Formas nela incluídas. Tal como o passo anterior continha uma teoria do conhecimento, este outro complementa-o com uma metodologia de investigação.

Formas no *Banquete*

A referência às Formas no *Banquete* é pontual. Todavia, o passo pode ser considerado o *locus classicus* em que se acha exposta a concepção platônica da

---

80. Este é um dos poucos passos em que Forma *parece* poder ser encarada como um universal *inteligível*, ao qual se pode chegar a partir dos particulares *percebidos*. Todavia, na epistemologia platônica tal possibilidade é decididamente negada pelo argumento da anamnese. Lembremos que, em sua vertente epistemológica, o argumento estabelece duas condições: 1. É só porque o "conhecimento" da Forma é necessariamente anterior à percepção que esta é objeto da reminiscência; 2. É só porque houve este contato que a percepção pode ser estruturada.

81. Fato que imediatamente associa este passo a outros dois: o da *República* VII 532a-533d e o do *Sofista* 253d-e. Pelo primeiro, percebemos como a procura da definição conduz da diversidade sensível à unidade inteligível da Forma, ascendendo (*Rep.* VI 511b) e descendo, sempre no inteligível (*Rep.* 511b-c), da Forma às outras nela incluídas. O outro passo citado refere exaustivamente as possibilidades de relações entre Formas. Põe, no entanto, o problema de no *Sofista* ser habitual negar a presença da teoria da Formas, como a encontramos nos diálogos a que estamos nos referindo.

Forma. É aqui que mais longamente se explicitam as características "eidéticas", formais, dos *eidê*, a par das que identificam materialmente cada Forma.

No contexto da iniciação perfeita aos mistérios do Amor, Diotima explica a Sócrates a via que deve ser seguida[82]. Há que começar a amar na juventude, começando pela beleza dos corpos, tendo em vista uma boa educação[83]. O passo seguinte envolve a separação do impulso erótico da ligação ao corpo do amante[84]. Este movimento é justificado por uma primeira compreensão da natureza da Forma (210b). Atingido, por assim dizer, o universal, o processo amoroso sofre uma inflexão decisiva, com a compreensão de que a beleza dos corpos é menos digna que a das almas (implicitamente, por não passar de uma sua imagem sensível).

A partir de então, todo o progresso cognitivo será feito no inteligível[85], apesar de a relação amorosa continuar a evoluir no sensível. São gradualmente focados: aspectos éticos da relação, a finalidade educativa de todo o processo, conducente à livre e plena expressão do "amor ao saber" (210c-d). Mas o fim último só agora pode ser avistado. É neste passo que a descrição das Formas é feita de modo mais completo.

O Belo em vista do qual toda relação amorosa é concebida é uma realidade com as seguintes características:

— eternidade: que não sofre geração ou corrupção, crescimento ou decrescimento;

— homogeneidade: não é mais num ponto que noutro, diversa de acordo com a perspectiva;

— irrepresentabilidade: sem expressão corpórea, nem discursiva, nem epistêmica;

— não localizável, na terra, no céu ou em qualquer outro lugar;

— em si e por si: eternamente "monoeidética" (211a-b).

---

82. Em todo o processo ascendente a seguir descrito, podemos ater-nos ao princípio de captação da realidade referido no *Fedro*, no passo que acabamos de examinar.

83. É neste sentido amplo que interpretamos a "geração dos belos discursos", resultante da orientação recebida do amante ("o condutor"). Mas o amor corpóreo é a motivação da relação erótica (210a).

84. Presume-se que a abordagem está sendo feita na perspectiva do amado mais jovem, sendo "o condutor" o amado mais velho.

85. Uma vez mais, em perfeita coerência com a explanação do modo como a relação erótica se deve elevar do sensível ao inteligível, feita no *Fedro* 253e-256d. A finalidade última — não o esqueçamos — será a recuperação das asas pelo amante e pelo amado (que poderá se tornar amante de outros amados ou preservar longamente a relação).

Será, contudo, importante não esquecer, como dissemos antes, que todo o processo se inicia e desenvolve no sensível, "a partir das belezas deste mundo", elevando-se sempre no sentido do Belo inteligível, passando de um corpo a dois, e daí a todos; dos belos corpos às belas obras, e daí aos saberes, até chegar ao saber do Belo em si (211b-c). De modo a que, acompanhado sempre pelo amado, vencendo o insistente apelo da carne, o amante se ache disposto a captar a unidade da Forma, preparando-se para procriar a autêntica virtude (212a).

Formas no *Timeu*

No contexto do "mito plausível"[86] do *Timeu*, as Formas são convocadas em diferentes partes da obra e de diversos pontos de vista. No proêmio (27d-29d), são indicadas como o modelo seguido pelo demiurgo para criar o cosmo. Na primeira narrativa (29e-46c) — sobre as obras da inteligência —, permanecem implícitas, manifestando-se através da regularidade e da perfeição das obras concebidas a partir delas. Na segunda narrativa (46c ss.) — dedicada à causa errante —, aparecem repetidas vezes, em sua função geradora e ordenadora do sensível. É a estes passos que concederemos maior atenção.

---

86. A longa narrativa sobre a origem e a formação do cosmo, que ocupa a maior parte do *Timeu*, é proposta como um "mito plausível" (*eikos mythos*). A expressão, diversas vezes repetida no texto, por vezes com variações (*eikos logos*), parece designar uma história fabulosa que incorpora argumentos racionalmente defensáveis e se funda em concepções estabelecidas em outras obras. Mas talvez Platão queira apenas assinalar que se trata de um relato sobre o devir e não sobre as Formas (59c-d; quanto ao tema da "brincadeira", ver *Fedro* 276d-e). Ao longo dos séculos, os estudiosos têm se interrogado sobre a seriedade com que o relato deve ser encarado. Deverá ser lido como um mito sobre a criação do mundo ou literalmente? A questão foi recentemente tratada por A. Vallejo, No, It's not a Fiction, in Tomás Calvo, Luc Brisson (eds.), *Interpreting the Timaeus-Critias,* Sankt Augustin, 1997, 141-148. Nossa posição é que o *Timeu* constitui a crítica platônica ao pensamento cosmológico da tradição reflexiva grega. Defende racionalmente um conjunto de concepções revolucionárias, cujo efeito dominará a cosmologia durante mais de dois milênios. Incorpora elementos maravilhosos e impossíveis de defender racionalmente — daí o mito —, mas não deve ser lido como uma mera história edificante. Como vimos, Platão não deixa de apresentar seu próprio ponto de vista sobre o assunto, mas a questão foi ao longo dos tempos ameaçando pôr em causa a seriedade da narrativa. Ver o nosso "Vida" y conceptos relacionados en el relato platônico de la creación: *Tim.* 27d-58c, *Cuadernos de Filosofia*, Buenos Aires (1997) 9-16; além da citada "Introdução" ao Platão, *Timeu*, Lisboa, 2005.

As Formas como modelo

Ao iniciar uma breve invocação dos deuses, pedindo clareza e correção, Timeu declara a sua intenção de "fazer um discurso sobre como foi feito o todo, se foi criado ou é sem geração". É então introduzida a seguinte distinção:

> O que é que sempre é e não tem geração (*genesin*[87])? E o que é que está sempre a nascer e nunca é? Uma é apreensível pelo pensamento racional (*noêsei meta logou*), sendo sempre; enquanto a outra é pelo contrário opinável (*doxaston*) pela crença sensível e irracional (*met'aisthêseôs alogou*), sendo gerada e perecendo e nunca sendo realmente (*ontôs oudepote on*) (27d-28a).

Todo o passo é fortemente marcado pelas expressões típicas das Formas e imediatamente associável ao contexto da distinção das competências da *República* V 477 ss. São estabelecidas duas distinções emparelhadas: de um lado está a realidade apreensível pela Razão, do outro a aparência, captável pela sensação irracional.

Nova aqui é a implícita submissão do epistemológico ao ontológico: é *porque* a realidade "é sempre" que é apreensível pela Razão; por outro lado, é porque a aparência "nunca é realmente"[88] que é opinável pela crença sensível e

---

87. O termo tem diversos sentidos nos diálogos, alguns dos quais técnicos, designando: 1) o fato de nascer ou ter nascido; 2) coletivamente, o conjunto dos entes que nascem e se transformam; 3) a gênese, processo mediante o qual os entes nascem e se transformam. O maior problema que nos é posto pelo termo reside na sobreposição de dois sentidos, para nós bem distintos: "nascimento" e "transformação". Isso significa que o nascimento deve ser encarado por um grego clássico como um caso particular de transformação (ou vice-versa), implicando que "aquilo" que nasce é o que sempre se transforma, ou que o nascimento evidencia uma transformação. O sentido 2 aparece muitas vezes (ver *Rep.* VII 534a; *Tim.* 28a passim) oposto a *ousia* ("entidade", "substância", "natureza"), exprimindo uma dualidade, determinante na ontologia platônica: "geração"/"realidade", ou "essência"; para alguns: as "coisas que nascem e se transformam", em oposição às que "são" (eternas, idênticas a si próprias, imutáveis, por exemplo as Formas). Ver, na síntese das analogias e da alegoria, a oposição entre gênese e realidade, com o mesmo sentido (*Rep.* VII 534a).

88. O sentido destas duas fórmulas é reforçado pelos advérbios "sempre" e "nunca". O sentido de "é" em "é sempre" e "nunca é realmente" é predicativo/identitativo/veritativo ("ser como é"/"ser verdade"). "O" que é são as Formas, que, na sua perfeição, imutabilidade, identidade, eternidade etc. (os predicados eidéticos), são "aquilo" que são. O que "nunca realmente é "são as aparências, que "são e não são" "aquilo" que a Forma é. Neste, como noutros casos, uma tradução existencial arruína a complexidade do jogo entre os diversos sentidos do verbo.

irracional[89]. Posta nesses termos, a distinção é fundamental, dela dependendo tudo o que será dito adiante.

E o texto avança para uma nova questão: a da causa/explicação (*aitia*)[90]. Logo de início, encontramos uma fórmula lapidar:

> tudo o que nasce ["e se transforma": *pan to gignomenon*] nasce [e transforma-se: *gignesthai*] devido a alguma causa; pois sem causa é impossível a tudo atingir a geração (28a).

Dito isto, é formulado o problema da identificação da causa. Que modelo fixou o demiurgo para criar a sua obra?[91] Apresentam-se duas possibilidades: ou o modelo é o "que é em si" (*to kata tauta*)[92], ou não[93]. Segue-se um *modus ponens*. No primeiro caso, a obra é boa, no segundo, não (28a-b). Ora, o cosmo e o céu e o mais são bons. Logo, foram construídos a partir do modelo "que sempre é", apreensível pela Razão (29a).

O argumento é claro, mas sua percepção é dificultada pela inserção, entre a disjunção e a conclusão, de uma série de questões encadeadas umas nas outras, que teremos de considerar. A primeira é a da decisão entre duas possibilidades:

---

89. A causal acha-se implícita nos particípios, constituindo a melhor leitura da frase. Não queremos dizer que o passo constitua uma novidade em absoluto (nada disso contradiz ou avança em relação ao que é dito no *Fédon* e na *República*). Mas apenas que a questão nunca tinha sido posta deste modo, quer dizer, exposta secamente nos planos paralelos da ontologia e epistemologia. Por outro lado, as conotações introduzidas pela ação do demiurgo e a sua qualificação da "desordem" associam o plano ético aos dois anteriores.

90. Uma vez mais, o caráter da teoria que atravessa diversos diálogos é aqui relevante. Para compreender este texto (e reciprocamente para compreender o outro não se poderá esquecer este), há que não perder de vista o argumento final do *Fédon* sobre "as causas" da geração e da corrupção. Esta referência à causa do cosmo deve ser complementada pelo passo que refere as "causas auxiliares" (46c-e). Como no *Fédon* (99a-b), estas causas não são eliminadas, mas submetidas ao império da causa final: o Bem.

91. Qualquer demiurgo cria fixando os olhos num modelo! De novo, somos remetidos à *República*, mas agora ao Livro X 596b ss.; *Crát*. 389a-b.

92. Esta é uma das fórmulas platônicas — que já encontramos diversas vezes no *Fédon* e na *República* — para caracterizar a identidade e a imutabilidade.

93. De novo, devemos referir-nos à *República* X. Os dois demiurgos — o divino e o humano — *criam* duas Formas dos artefatos (este caso é escolhido talvez por se tratar de objetos não-naturais; mas não se diz que as Formas eternas sejam criadas). O demiurgo cria a Forma do artefato, inventa-a. O artífice manufatureiro cria a sua forma imitando a Forma criada pelo outro.

ou o cosmo sempre foi, sem ter tido princípio de geração, ou foi criado a partir de um princípio (28b).

A resposta a essa alternativa é afirmar que foi criado, pois todos os sensíveis, dotados de visibilidade, tangibilidade e corporeidade, apreensíveis pela crença sensível, são gerados. Ora, como todo o criado é gerado a partir de uma causa, haveria que descobri-la e anunciá-la aos homens. Mas essa é uma tarefa impossível (28b-c).

A segunda questão é a inicial. A partir de que modelo foi o cosmo criado: o do que é em si e conforme a si ou o do que foi gerado? Visto que tanto o cosmo como seu construtor são bons, é evidente que o modelo usado foi o eterno. Na outra alternativa, contudo, o modelo seria o gerado (28e-29a). É então na repetição da disjunção que entronca a conclusão acima apontada. Dela decorre que o cosmo seja "uma cópia de algo".

Esta sua natureza dá origem a um novo problema, o de que os discursos devem ser afins (*syngeneis*) àquilo que investigam: os que são sobre o que é sólido e estável têm essas características e são irrefutáveis (*anelenktois*) e imóveis, enquanto os que são sobre o que é copiado são verossímeis, "pois, assim como o ser está para a geração, assim está a verdade para a crença (*pistin*)" (29c).

É essa a razão pela qual o discurso que vai ser exposto ficará, no que concerne aos deuses e à geração do cosmo, aquém da concordância (ver a *symphônia* dos *logoi* no *Féd.* 100a) e do rigor. Terá apenas a verossimilhança de um "mito plausível", própria da natureza humana (29c-d).

As Formas no relato da criação

Inicia-se então (29d) o relato da criação do cosmo, com a exposição da causa que a ela conduziu. É deste passo que resulta a compreensão de tudo o que vem a seguir: em primeiro lugar, o fato da própria criação, depois, a razão de haver um duplo relato (30c ss.; 47d ss.), esboçado de pontos de vista opostos e complementares. Mas esta introdução tem mais a ver com a natureza da alma, pelo que será tratada adiante.

1. Formas nas obras da Inteligência (30c-46c)

O poder estruturador das Formas manifesta-se ao longo de toda esta seção da obra. Vemo-las em ação na formação do cosmo vivo (30c-34b), na construção da alma (34b-37c), na criação do tempo (37d-39e) e na das quatro espécies de seres que integram o "ser vivo que é": deuses, animais do ar, da água e da terra (39e ss.). Uma vez que este capítulo é dedicado à teoria das Formas e a análise do relato da criação merece atenção especial, concentramo-nos apenas em três breves passos.

1.1. O "TERCEIRO HOMEM"

O primeiro é a pontual confirmação do princípio da unicidade das Formas, expresso pela negação da possibilidade da coexistência de dois ou mais céus (31a-b). Pois, de acordo com o argumento do "terceiro homem", se houvesse dois céus, seria necessário postular um terceiro para explicar a comunidade dos outros dois[94].

1.2. O SER, O MESMO, O OUTRO

A descrição do modo como o demiurgo construiu a alma do cosmo inclui um conjunto de referências às Formas (35a-36d). São aí referidas a do Ser, a do Mesmo e a do Outro[95]. Sua utilização na construção da alma do cosmo indica que esta participa de todas elas, segundo as modalidades da mistura. Dota também a alma da capacidade de "captar" as manifestações de cada uma delas em todos os entes que delas participam (36e-37c).

1.3. AS QUATRO FORMAS DOS SERES VIVOS

A terceira menção dos *eidê* ocorre em 39e-40a. Referindo-se às Formas que a Razão (*nous*) contempla no "ser vivo que é", Timeu adianta que são quatro:

---

94. A qual só poderia explicar a posse de uma propriedade por mais do que um ente pela participação desses no único ente que verdadeiramente a possuiria, o qual, por essa razão, seria responsável pela transmissão da propriedade aos outros dois.

95. O *Sofista* informa-nos acerca destes três, dos cinco "sumos gêneros" (Formas inclusivas de todas as outras, que explicam as modalidades de relação que mantêm umas com as outras). O Ser confere existência às Formas que nele participam, o Mesmo confere a identidade (aquilo que cada Forma é, em relação a si própria), o Outro confere a cada participante a possibilidade de se relacionar com "outras" Formas, "diferentes" dela (através da predicação), viabilizando a manifestação de opiniões verdadeiras (37b-c).

os deuses, e além deles os seres que povoam o ar, a água e a terra, como dissemos. O interesse do passo reside na tese de que as quatro Formas (ou "espécies") são concernentes a cada um dos elementos da tradição: para os deuses, o Fogo, para os outros, aqueles a que são afins[96].

Mas é relevante notar que nos achamos diante de duas criações distintas. Primeiro, o deus constrói a alma do cosmo e os deuses, depois cria (com materiais inferiores: 41b-42e) as almas dos mortais e encarrega *os deuses* da tarefa de cuidar de seus corpos. Relevantes conseqüências teológicas — nomeadamente, o princípio da irresponsabilidade divina (*Ti.* 42d, ver 29d–e; *R.* I 379b-c, X 617e; *Leis* X 900d-e) —, éticas — a possibilidade do mal num mundo bom — e ontológicas — o estabelecimento de "graus de realidade"[97] — decorrem deste postulado.

2. FORMAS NAS OBRAS DA NECESSIDADE (46C SS.)

A abordagem da criação do cosmo, agora pela perspectiva do que é gerado pela necessidade, constitui outra narrativa, complementar da anterior, visando explicar a formação daquilo que não é vivo no cosmo[98]. Embora deixemos a questão para mais tarde, há dois pontos que devem ser sublinhados agora. Por outro lado, dado que a relevância das Formas nesta narrativa é mais evidente que na anterior, teremos de estudá-la aqui com algum pormenor.

*2.1. AS "CAUSAS AUXILIARES" (*SYNAITIAI: *46C SS.)*

Estabelecida a diferença entre verdadeira causa e aquelas que apenas contribuem para a efetivação desta no mundo sensível, o novo relato presta

---

96. Ver adiante a constituição dos corpos dos opostos a partir das imagens das Formas: 52d ss.
97. G. VLASTOS, Degrees of Reality in Plato.
98. Seria mais simples e natural utilizar o termo "material" para referirmos este aspecto "visível" do cosmo. Há, contudo, razões para nos abstermos de recorrer a esse termo, que falseia o sentido da narrativa platônica da criação, pelo fato de a assimilar à imagem mecanicista do cosmo, que será difundida pela modernidade, obscurecendo o gradual processo que assiste à formação do conceito de "matéria", para a qual o *Timeu* concorre. Numa palavra, falar em "matéria", no *Timeu*, é constituir o "visível" como uma categoria, em si, oposta e independente do processo e finalidade da criação. Como dissemos, a noção só terá sentido numa concepção mecanicista, logo não vitalista, de todo alheia ao espírito da narrativa platônica.

atenção à "causa errante", suporte do princípio mecânico, que impera sobre "a desordem".

Para dominá-la, há que fazer as Formas comparecerem, na sua função estruturadora do sensível. Por isso, o relato convoca três entidades: as Formas, a cópia sensível e o "receptáculo" da criação (a "região" em que são fabricados os entes sensíveis: 48e-49a). O processo da criação do mundo sensível é fugazmente referido nas "impressões" que entram e saem do receptáculo, como cópias das Formas (50c). Mas, depois desta referência pontual e da admissão da dificuldade de uma clara descrição do processo, o relato interrompe-se para inserir um importantíssimo argumento.

2.2. A "REGIÃO" (CHÔRA: 51D-52D)

Este prólogo à criação do visível corresponde exatamente à seção inicial do proêmio (27c-28d). É coerente com o propósito avançado em 48e-49a (reiterado em 50c-d) de introduzir uma terceira espécie no relato. Essa função é aqui desempenhada pela "região".

Desenvolvendo seu programa de crítica às concepções pré-socráticas sobre a origem do cosmo, Platão questiona o *topos* tradicional dos contrários. Serão estes constituídos por uma natureza própria, em si? Que estatuto possuem perante o caráter "aparente" do visível? Apontada a sua natureza puramente fenomênica, no sensível (49b-50a), e confirmada a conclusão atingida pelo exemplo do moldador (50a-51c), subsiste ainda a dificuldade de caracterização do receptáculo. Entronca aqui o argumento.

Este começa por se referir à distinção entre razão e opinião verdadeira (a qual, como dissemos, remete a 27d-28a) e agora é apresentada como uma disjunção: ou são duas ou uma. Ora, se constituem duas espécies distintas, então "há[99] de todo o modo Formas em si idênticas, não sensíveis por nós, exclusivamente pensáveis (*nooumena*)" (51d).

---

99. Este é um dos poucos passos platônicos em que, na referência às Formas, *einai* ganha com uma leitura existencial. A habitual opção pelo sentido predicativo: na tradução — "as Formas são de todo em todo idênticas a si próprias, inapreensíveis pelos nossos sentidos, apenas pensáveis" — não se adequa à posição de conseqüente. Mas já o sentido veritativo — "é verdade que" — será possível. Não haverá, porém, conflito entre as leituras, se entendermos este uso completo do verbo como um uso incompleto elíptico — "é..." —, de modo

Se, porém, não é assim, todas as coisas sensíveis, pelo fato de terem corpo, devem ser consideradas sumamente estáveis[100] (51d). Mas devem ser consideradas duas, porque são dessemelhantes e foram geradas separadamente: uma pelo ensino, acompanhado pelo raciocínio verdadeiro, é amovível pela persuasão; pelo contrário, a outra é gerada pela persuasão irracional, que a altera. Desta todos participam, enquanto da primeira só os deuses e uma pequena espécie de homens (51e-52a).

Dessa premissa decorrem três espécies. Em primeiro lugar, a Forma idêntica a si própria, ingênita e indestrutível, impérvia e imóvel em si, invisível e imperceptível aos sentidos, contemplável pela Razão. Em segundo lugar, o que é nomeado pela Forma e se lhe assemelha, é perceptível pelos sentidos, transportável, "nascendo e transformando-se" (*gignomenon*) num lugar e perecendo "para" fora dele, apreensível pela crença, com auxílio da percepção.

Surpreendentemente, decorre ainda, em terceiro lugar, "a espécie da região eterna", indestrutível, "... que fornece assento a todas as coisas que têm gênese, captável por um raciocínio bastardo com o auxílio da não-sensação, dificilmente crível..." (52a-b).

Nestes termos, a nova espécie nasce envolta no denso mistério da sua estranha natureza. De modo que só a continuação do texto nos ajuda a compreender de que Timeu está falando: "dizemos que todo o ser existe[101] nalgum lugar e que cobre alguma região e que aquilo que não está no céu nem na terra não é nada" (52b).

A conjugação dos dois passos sucessivos permite-nos, portanto, supor que a alusão é àquilo a que chamamos "espaço". E a continuação confirma esta suposição, pelo fato de apontar a espacialidade, entre outras noções congêneres, como responsável por nossa dificuldade de "distinguir a natureza que verdadeiramente subsiste" e "dizer a verdade" (52b-c). A ela se deve o estado de sonho em que vivemos, que nos liga "à imagem", desprovida da substância que a gerou, que "sempre se desloca como um fantasma de algo", gerando-se

---

a acomodar as outras leituras. Todavia, deve-se assinalar que aqui a tradução existencial não é lesiva do argumento.

100. O que é absurdo. Achamo-nos perante um corolário de Melisso (DK30B8). Se não há Formas, então todo o sensível (a mudança) deve ser declarado sumamente estável (ver *Rep.* V 479a ss.; *Crát.* 440a-d; *Teet.* 156a ss.).

101. De novo, o sentido "existencial/locativo" é aquele que parece fazer melhor justiça ao texto.

"em qualquer outra coisa", "estendendo a mão à substância", ou "sendo ela própria nada".

De outro lado acha-se:

o ser que é, em auxílio do qual vem o rigor do argumento verdadeiro, pelo qual, enquanto uma coisa é uma e outra é outra, nenhuma delas de algum modo se gerará noutra, de modo a devir ao mesmo tempo uma e duas (52c-d).

O passo responsabiliza a natureza "bastarda" do espaço (52a-b) pela "insanidade do sensível", que vimos no *Fédon*, na *República* e no *Crátilo*, da qual resulta a incapacidade, manifesta pela generalidade dos homens, de distinguir as múltiplas imagens, que são e não são, da identidade da Forma, da qual participam e recebem o ser (*Rep.* V 476a ss.).

2.3. A *"AMA DO DEVIR"* (52D SS.)

Será então com o concurso das Formas, do espaço e do "deveniente" (*genesin*) que o céu se formará (52d). Da interação dos dois primeiros resultará o terceiro, pelo movimento do receptáculo, formado pela alma do cosmo. A ação das potências das imagens das Formas dos quatro contrários umas sobre as outras produzirá os seus corpos, "configurados pelas Formas e pelos números" (53b).

Esta referência, que explicitamente repete a criação do corpo do cosmo, cuja causa é revelada em 27c, antecede então a explicação de como foi formado o corpo de cada um dos opostos, a partir de sólidos, compostos por triângulos retângulos escalenos — o Fogo, a Água e o Ar — e por triângulos retângulos isósceles: a Terra.

Deste modo se geraram os quatro sólidos fundamentais que constituem o cosmo: de um lado, o tetraedro (Fogo), o octaedro (o Ar), o icosaedro (a Água), e do outro, o cubo (a Terra).

*

A despeito de voltarmos adiante ao relato da criação, considerando globalmente toda esta seção do *Timeu*, é oportuno fazer um par de observações. Notemos, primeiro, o modo como cobre e unifica as concepções platônicas sobre o saber e o ser expressas no *Fédon* e na *República*[102]. Depois, como após a profunda crítica à tradição reflexiva grega, desferida pelo desenvolvimento da idéia de criação, acaba por recuperar o modelo cosmológico do vórtice, porém de modo perfeitamente coerente e consistente com os princípios da ontologia e da epistemologia expostos em outros diálogos.

A função desempenhada pelas Formas em todo o relato, a par da solidez de sua estrutura interna, bem como a relação forte que estabelece com outros diálogos, obrigam-nos a repudiar vivamente sua caracterização como um simples mito. Apresenta sem dúvida aspectos típicos dos relatos míticos, nem seria compreensível por um contemporâneo de Platão, se não radicasse no fundo cultural grego. Mas patenteia uma estrutura demasiado argumentada para poder ser descartado como não mais que uma história maravilhosa[103].

A começar, uma breve referência à *khôra*. A interpretação aqui proposta é simples e enuncia-se sem o mistério com que é abordada por outros autores. Cremos que com esse termo — um entre uma série de metáforas, introduzidas a partir de 48e — Platão refere-se à "região" definida pela expansão da alma cósmica, do centro para a periferia do círculo, contendo todo o corpóreo (*sômatoeidês:* 36d-37a), ou seja: o cosmo, o Todo.

A série de metáforas sucessivamente introduzidas caracterizam sugestivamente as diversas questões que o argumento abordará. Como "receptáculo" e "ama", "assento", a região envolve a totalidade dos corpos cósmicos, a começar pelos chamados "elementos".

---

102. Em particular, sugerindo como a participação das Formas tanto na geração de suas instâncias, como na explicação de suas naturezas, se tornou efetiva.

103. H. Cherniss, *Aristotle's Criticism of Plato and the Academy*, Baltimore, 1944, 421-431, argumenta contra a leitura literal do *Timeu* (ver L. Tarán, The Creation Myth in Plato's *Timaeus*, in J. Anton, G. Kustas (eds.), *Essays in Ancient Greek Philosophy* I, Albany, 1971, 372-407). Para Cherniss, a narrativa da criação deve ser encarada como um mito para cancelar os argumentos aristotélicos contra a concepção platônica do "tempo" e evitar uma série de conseqüências absurdas, relacionadas com a figura do demiurgo e a natureza da alma. Respondemos a esta perspectiva em O Tempo na narrativa platônica da criação: o *Timeu*, *Hypnos* n. 18, n. 1, 2007, 42-55 (no prelo). Com a reserva do "argumento plausível" (ibid., adiante), Platão mostra ter uma consciência das limitações de seus argumentos, incompatível com a degradação num "mito" que não deve ser levado à letra, cobrindo a instabilidade do sensível, a fragilidade das capacidades humanas e a dificuldade das questões substantivas (29c3-6; ver a extensa bibliografia sobre a questão em A. Vallejo, No, It's not a Fiction, in T. Calvo, L. Brisson (eds.), *Interpreting the "Timaeus-Critias"*, Sankt Augustin, 1997, 141-148, cuja posição partilhamos.

A perpétua mutabilidade destes levantará, porém, o problema seguinte: o da identidade dos elementos (49b-51e) — o que são, se existem, como podem "ser o que são" —, que só será resolvido por sua derivação das Formas (51b-e) e posterior esquematização dos "vestígios elementais por Formas e números", dando origem aos sólidos elementais (53b ss.).

Imbricado neste, surge mais outro problema: o da natureza da *chôra*. Para enunciá-lo e resolvê-lo, são convocados os símiles do "moldador" e dos "perfumistas" (50a ss.), cuja finalidade é manifestar a característica necessariamente "receptiva, invisível e amorfa" (51a) dessa natureza, "na qual" (49d; e não "da qual") se formarão os corpos, a partir das cópias das Formas (50b). Este raciocínio, porém, só poderá ser aceito, se se admitir que as Formas e suas instâncias são dois gêneros de seres distintos, percebidos por diferentes "competências" cognitivas (51c-e).

É este argumento que sela a última e mais sugestiva referência a essa espécie invisível e "anestésica", cujas derradeiras características — sua natureza híbrida, em parte apreensível pela sensibilidade, em parte pelo pensamento — fazem-na convergir na noção daquilo a que se chamará "espaço": a localização (52a-b).

A questão que espanta Platão é, por um lado, a "abstração"[104] que a idéia de espaço envolve, a da tridimensionalidade, por outro, a natureza irrecuperavelmente sensível do "corpo tridimensional", sua "localização". Mas a imensa inovação platônica reside na formulação de um conceito — o espaço como meio —, para o qual a língua grega não dispõe de um termo qualificado.

De resto, em análoga situação iremos nos encontrar quando pensarmos na formação do conceito de "matéria", cuja posição no *Timeu* é ainda mais delicada, pelo fato de — para além de não ser dito por nenhum termo grego (*hylê* significa "madeira", em Platão) — ser de todo estranha à abordagem desenvolvida nos dois relatos da criação.

---

104. O termo é aristotélico. Pensando platonicamente, teremos de recorrer a "invisibilidade": a característica que orienta as Formas para a captação pelo pensamento. A natureza híbrida do conceito de espaço continuará a preocupar pensadores durante séculos: ver o opúsculo de Kant: *Sobre o primeiro fundamento das regiões do espaço*, de 1768 (no qual o filósofo oscila entre "espaço" e "região" para ensaiar a fundamentação do conceito); a par de reflexões como as de J. Petitot, A lacuna do contorno: Teoria das catástrofes e Fenomenologia, *Análise* 1, Lisboa (1984) 101-139; José Gil, Sobre o espaço do corpo, *Análise* 2 (1984) 199-215.

Apêndice I

A aparição dos termos e expressões associados às Formas ocorre, além de nos diálogos em que é exposta a versão canônica da teoria, em dois outros que o consenso da crítica insere no primeiro período da produção platônica: o *Mênon* e antes ainda o *Eutífron*. Outra obra em que as Formas são referidas, sem relação direta com a versão canônica da TF — sobre datação não há consenso, como dissemos — é o *Crátilo*. Vamos referir aqui essas menções dos termos e debater as questões relevantes a eles associadas.

Formas no *Mênon*

Como referimos no início deste capítulo, o termo *eidos* ocorre no *Mênon*. Das quatro ocorrências, duas são não-técnicas. Mas as outras duas merecem cuidadosa inspeção.

Sócrates está tentando levar Mênon a compreender que, para responder adequadamente à pergunta "O que é a virtude?", sua resposta deve cobrir todos os casos de virtude[105]. Para lhe mostrar o que pretende, o filósofo recorre a diversos exemplos, mas só nos fixaremos em dois.

Pensando na indefinida multiplicidade das abelhas, semelhantes mas diferentes umas das outras, pergunta-lhe se se distinguem enquanto abelhas. Perante uma resposta negativa, pede-lhe então que lhe diga: "em que é que nada diferem e são todas o mesmo"? (72c).

E, regressando à virtude, acrescenta:

"se são muitas e de todas as maneiras, têm todas uma mesma Forma, pela qual são virtudes" (72c).

Aparentemente estranho à noção de Forma, Mênon pede-lhe que precise a pergunta. Sócrates apresenta outros exemplos. Quanto à saúde, "é a mesma Forma por todo o lado" (72d) ou varia? Mênon aceita que é a mesma e que o exemplo é válido para a virtude. Mas a sua resposta — "ser capaz de comandar os homens" (73c) — não satisfaz Sócrates.

O filósofo volta-se então para a geometria, explorando a relação entre o circular e a figura (73e ss.), até chegar a uma formulação abrangente:

Visto que chamas a muitas coisas com um mesmo nome e dizes que não há uma delas que não seja fi-

---

105. Não limitando a virtude às descrições "politicamente corretas", nem aos casos emblemáticos que refletem a sua condição de bem-nascido, rico e poderoso. É neste plano, de conflito entre o saber e a opinião, que todo o debate se inscreve, em particular com a exigência de resposta à pergunta "O que é?".

gura, apesar de serem por vezes contrárias umas às outras, o que é isso que cobre o circular e o retilíneo, a que chamas figura, afirmando que o circular não é menos figura que o retilíneo? (74d-e).

E reforça, um pouco mais adiante:

Não compreendes que investigo o mesmo em todos esses (*to epi pasin toutois tauton*)[106] ... A que é que, no circular, no retilíneo e em todos os outros chamas figura, que é o mesmo em todos estes? (75a).

É claro que Sócrates espera que Mênon compreenda que há uma entidade, referida por um mesmo nome, que se aplica a uma multiplicidade de indivíduos, por vezes muito diferentes uns dos outros, mas aos quais nem por isso deixa de corresponder o mesmo nome. E é essa entidade que ele espera que Mênon defina sua resposta.

A utilização do termo *eidos* é aqui evidentemente técnica. A dificuldade está em saber se no *Mênon* se acha implícita a teoria que encontramos exposta nos diálogos que acabamos de estudar.

Se a presença das Formas no *Mênon* ficasse por aqui, a resposta a esta pergunta poderia ser negativa. Todavia, a referência à anamnese e o diálogo com o escravo acrescentam à menção dos termos a demonstração da função fulcral que a Forma do Quadrado desempenha na resolução do problema da construção do quadrado de área dupla de um outro, dado.

No metadiálogo com Mênon, Sócrates limita-se a afirmar que o rapaz recorda opiniões verdadeiras. Mas nada obsta a que essas verbalizem o início de sua reminiscência do Quadrado (o próprio Sócrates deixa bem claro que a repetição do interrogatório o levaria ao saber: 85c).

Portanto, é indisputável que não podemos erradicar as Formas inteligíveis do *Mênon*. Todavia, elas manifestam-se, nos passos citados acima, como "o um sobre muitos" (*hen epi pollas*). Uma unidade que cobre uma pluralidade, ou a característica comum[107] a uma pluralidade, sempre designada por um mesmo nome.

Não há dúvida de que achamos aqui apenas traços da concepção das Formas inteligíveis, encaradas como causa e explicação do sensível[108], que percorre os outros diálogos. Mas também não encontramos nada que entre em contradição com ela!

---

106. Esta é a forma canônica do "um sobre muitos", que condensa a relação entre a Forma e suas instâncias.
107. Mas nenhuma forma do termo *koinos* aparece no texto com um sentido técnico.
108. Apesar de, em 72c, ser por "terem" todas a Forma "pela qual são virtudes" que são virtudes. É a presença da Forma que faz que sejam virtudes. Mas nada se diz sobre o com-

Ou seja, nada no *Mênon* nos faz pensar que essa característica seja *transcendente*, em relação aos quadrados sensíveis, visto nenhuma teoria da causação do sensível pelo inteligível ser expressa. Poderia então tratar-se de uma característica *imanente*. Todavia, e por outro lado, a função desempenhada pelo Quadrado na resolução do problema não só não desmente sua natureza inteligível como não exclui a transcendência[109]. Concluímos, portanto, haver razões para aceitar a presença no *Mênon* de Formas inteligíveis, possivelmente transcendentes. Não há, contudo, dúvida de que essa natureza não é relevante no debate.

Formas no *Eutífron*

Também no *Eutífron* encontramos os termos gregos que traduzimos por Forma[110]. Depois de o adivinho lhe definir a piedade como "o que eu agora estou a fazer..." (5d), Sócrates pede-lhe que lhe responda, indicando

> "aquela Forma em si (*ekeino auto to eidos*) pela qual todas as coisas piedosas são piedosas" (6d).

E, logo a seguir, pede-lhe que lhe ensine:

> essa Forma, qual possa ser, para, olhando para ela e usando-a como paradigma, declarar se qualquer ação conforme a ela, praticada por ti ou por qualquer outro, é ou não piedosa (6e).

Ora, há um par de noções que indisputavelmente aqui estão presentes. Em 6d, é clara a atribuição à Forma do poder causador de suas instâncias: é pela (presença da) Piedade que as instâncias da piedade são piedade. O parentesco do passo com *Fédon* 100c-d é evidente.

Em 6e, esse poder causador é referido como paradigma, com um valor

---

plexo regime de pertença e exclusão que regula os contrários e as propriedades opostas, nem a transcendência das Formas, nítida no *Fédon*, é envolvida na relação entre a Virtude e as virtudes. Também no *Protágoras* 332a passim (ver, após diversos exemplos, a conclusão da *epagôgê*, em 332c: "o que é feito de uma dada forma, é feito pela própria coisa..." — *tou autou prattetai*), mesmo sem fazer qualquer referência a Formas, Sócrates afirma e o sofista corrobora, com a maior naturalidade, que é pela "sensatez" que os homens "são sensatos".

109. A relação entre duas entidades matemáticas não é inteiramente análoga àquela que há entre um sensível *físico* (uma abelha) e uma Forma inteligível. Todavia, no argumento final do *Fédon*, Sócrates passa dos exemplos da neve e do fogo ao dos números, sem fazer qualquer distinção entre estes.

110. Sobre a possibilidade de encontrar a TF num diálogo "socrático", ver o clássico: R. E. Allen, *Plato's Euthyphro and the Earlier Theory of Forms*, London, 1970.

diagnóstico, que poderemos aproximar da concepção da eponímia da Forma no *Fédon* (102b). Uma vez mais, a teoria perfeitamente desenvolvida não é explícita. Mas não é expressamente contrariada.

Uma última palavra em relação ao "poder causador" de que é investida a Forma. Parece-nos excessivo onerar aqui a expressão causal utilizada — "em virtude de" (*dia*) — com uma teoria da produção perfeitamente desenvolvida.

Como sempre, o raciocínio é feito a partir da evidência lingüística, que é indisputável. Se utilizamos termos como, por exemplo, "abelha" ou "figura", acomodando uma certa diversidade sensível numa unidade inteligível, por todos reconhecida, é porque ela pode ser vista como a "causa/explicação" do termo. Essa unidade constitui a própria razão da aplicação indiscriminada do termo a toda a diversidade à qual ele é por todos conferido.

Neste caso, chamar-lhe "Forma" não tem a carga metafísica decorrente de sua "transcendência". O problema começa quando se passa a falar de "existência" da Forma, pensando que é a Forma que justifica a "existência" dos entes referidos pelo nome. Mas a questão não será tão simples se adotarmos o ponto de vista da "criação do cosmo" (ver *Timeu* 48b-52d).

Formas no *Crátilo*

As Formas comparecem no *Crátilo* em dois momentos breves porém capitais para a argumentação de Sócrates, além de relevantes para a compreensão da importância conferida à TF nos diálogos. Tendo forçado Hermógenes a reconhecer a necessária coerência do nome com a natureza da entidade nomeada (387d), o filósofo passa a caracterizar a dupla função que realizam: distinguir essa natureza e instruir sobre ela (387d-388c).

Para reforçar o argumento compara os nomes a instrumentos técnicos (389a-b). A insistência no nome "adequado por natureza" (*physis pephykos onoma*) dá então lugar ao "nome que é" (*ho estin onoma*) e à exigência de uma Forma (*idea*) correta para todo o instrumento (seja o ferro, sejam as letras e sílabas: 389d-390a). A sugestão é de que nelas deve assentar a "Forma do nome" (*to tou onomatos eidos*) adequada (390a).

A segunda referência surge no final do diálogo, depois de Sócrates ter mostrado a Crátilo que não se deve partir dos nomes para investigar os entes, mas proceder inversamente (439b). A alegação é justificada pelo "turbilhão" em que as etimologias deixaram Sócrates. Será que há "um belo em si" e "cada um dos entes" em si (439c)?

A dificuldade reside na compatibilização da tese do fluxo — tão cara a Crátilo — com a identidade e imutabilidade (*hôsautôs*) requerida por estas entidades. Apesar da resistência que seu interlocutor lhe opõe, Sócrates não deixa de insistir na necessidade de reconhecer a imutabilidade da "Forma do saber" (*auto to eidos tês gnôseôs*), sob pena de não haver saber de todo, "nem quem saiba, nem algo a ser sabido" (440a-b).

*

Estes dois apontamentos sumários exemplificam sinteticamente a dupla função desempenhada pelas Formas, como condição e objetivo da ontoepistemologia platônica. Por um lado, constituem o garante da estabilidade de toda a investigação que vise ao saber, globalmente de todo o saber. Por outro, fornecem um sentido à investigação, orientando-a para a descoberta da natureza funcional de todo objeto de pesquisa. A Forma é aquilo que faz ou produz (*Rep.* I 352e-353e).

A importância da garantia de estabilidade do saber é patente na última intervenção de Sócrates no diálogo. Tem de haver um saber, sob pena de o mundo sensível se dissolver na dupla "insanidade" (*ouk hygies*): do fluxo e dos nomes (440c-d).

O texto não mostra que a própria estruturação é garantida *a priori* pela relação de semelhança que liga imagens sensíveis a Formas através dos nomes (ver *Féd.* 74-76). Mas deixa bem claro que sem um saber estável, implicitamente a recuperar pela reminiscência, ficaremos

> pensando simplesmente que [as coisas] são como homens doentes com catarro, e que são afetadas da mesma maneira, estando todas elas sujeitas ao movimento e ao fluxo dos humores (440d).

Parece-nos que esta intervenção final de Sócrates é o ponto em que se apóia a afirmação de Aristóteles de que

> ... [Platão] familiarizado desde jovem com Crátilo e as opiniões de Heráclito, segundo as quais todas as coisas se movem, não havendo delas ciência, sustentou esta doutrina muito mais tarde (*Met.* A6, 987a30-987b1).

Por esta razão, para superar esta instabilidade, foi obrigado a buscar "a definição" não nas coisas sensíveis, mas nas idéias (*Met.* A6, 987b6-9).

Apêndice II
O verbo "ser" e a ontologia platônica

Parmênides

É mister reconhecer que a questão dos sentidos de "ser" tem como antecedente histórico-filosófico a do debate em torno da tradução existencial das formas de *einai*, recorrentes no Poema e nos diálogos platônicos. A despeito da inegável dimensão existencial do ser eleático, parece inconsistente verter duas formas do mesmo verbo grego, numa mesma frase, por dois verbos portugueses com sentidos e implicações filosóficas profundamente distintas: por exemplo, "o ser existe".

A solução proposta pode ser expressa em duas conclusões:
1. O reconhecimento, por todos, não só da ambigüidade dos sentidos de *einai* como da dificuldade de fixar leituras definidas, em certas fórmulas, capitais para a interpretação do argumento do Poema, implica caracterizar o verbo grego pela "fusão" de vários sentidos, inseparáveis.
2. A natureza abrangente da entidade metafísica conjurada no Poema — o ser — corresponde perfeitamente à polissemia do verbo grego, manifesta em suas formas participial — *to eon* —, infinitiva — *einai* — e flectida — *estin*.

Da inseparabilidade de diversas leituras de *einai* não será difícil dar provas, embora, para tal, não possamos argumentar exclusivamente a partir do *Da natureza*. Por exemplo, um bem conhecido argumento de Eutidemo, no diálogo platônico a que o sofista dá o nome, é claro a este respeito. Sob pena de contrariar a máxima de Parmênides — "Ninguém dirá que são as coisas que não são"[111] (7.1; ver *Eutid.* 284c1-3) —, se quem "diz", só pode dizer "o que é", diz "o que é" e "as coisas que são", "a verdade", com a conseqüência de não ser possível "dizer falsidades" (*Eutid.* 283e-284a, 284b-c; ver *Crát.* 429d; *Teet.* 167a).

Não é difícil seguir o raciocínio do sofista. Da falácia inicial[112] e do fato

---

111. Ou "... não poderás conhecer o que não é, nem apontá-lo" (2.7-8a). Note-se que em Parmênides B7.1 — " não imporás que são coisas que não são" —, falta o artigo "as", atribuído por Platão ao sofista.

112. O equívoco entre "falar" e "dizer" (este, com o sentido de "afirmar": 283e9-284a1), ambos traduções legítimas de *legein*.

de dizer, deduz sucessivamente: a realidade e a existência das coisas ditas, e a verdade daquilo que é dito. Ora, como seria possível um ouvinte aceitar tal dedução se as leituras identitativa, existencial e veritativa fossem percebidas separadamente? Como poderia passar de uma à outra se não aceitasse a coincidência de todas numa única entidade, que as recebe a todas?

Outro esclarecedor exemplo aparece no *Crátilo*. Comenta aí Sócrates a Hermógenes:

> [defende Eutidemo]... todas as coisas são (*einai*) da mesma maneira para todos, simultaneamente e para sempre. De fato, se assim fosse (*eiên*), não [haveria] uns [homens] nobres e outros vis, se a virtude e a maldade pertencessem[113] (*eiê*) a todos, sempre e da mesma maneira (*Crát.* 386d; ver *Eutid.* 294a ss., 296c).

Como pode alguém sustentar tão absurda tese? Comecemos por ver como é apresentada. Em grego, aparece apenas o verbo *einai*, nas três formas assinaladas e ainda subentendido ("haveria"). Mas será possível suprimir a forma subentendida:

> "Pois, assim, nem os nobres, nem os vis seriam ["nobres e vis" e "existiriam"], se virtude e também vileza fossem"[114].

Para suavizar a tradução, podemos ler identitativamente a primeira forma e existencialmente a segunda:

> "Pois, assim, nem os nobres seriam [nobres], nem os vis [seriam vis], se existissem virtude e vileza".

O sentido do passo é agora mais claro, manifestando-se o paradoxo com toda a evidência: "se virtude e vileza existem" (ou "são", lendo a forma completa como veritativa, ou identitativa elíptica[115]), "não [haverá] nobres, nem vis" (ou "os nobres não serão [nobres] e os vis [não serão vis])", pois "todos serão ["existirão"]

---

113. Tradução de M. J. Figueiredo, PLATÃO, *Crátilo*, Lisboa, 2001, com as modificações assinaladas. O exemplo parece-nos esclarecedor de uma das estratégias utilizadas pelos tradutores para lidar com a ambiguidade de *einai*. Para tornar o texto perceptível aos leitores traduzem "ser" por outros verbos (no caso, "haver" e "pertencer"). Apesar da imprecisão a escolha é feliz, porque em nada afeta o sentido da frase. A consequência indesejável é a de o sentido da tese atribuída ao sofista ter sido erradicado do texto (o que não é grave, aos olhos do leitor, pois de Eutidemo não se espera que faça sentido).

114. A opção de converter a primeira condicional em optativa, suprimindo a forma subentendida, é mais correta, pois não só traduz os artigos definidos como evita a leitura predicativa da forma condicional.

115. "Se virtude e vileza são [realmente]", ou "são [aquilo que são]".

da mesma maneira, simultaneamente e para sempre".

Qualquer que seja a leitura de *einai* pela qual se opte, sobressai a impossibilidade de separá-la das outras, pois é não só da ambigüidade a que as formas verbais se prestam como do fato de sempre serem percebidas conjuntamente que a tese resulta.

O paradoxo proposto pelo sofista visa desarticular a leitura predicativa, dissolvendo todos os predicados — bem como os sujeitos que os suportam — na abrangência de *einai* ou, no plano metafísico, na unidade polissêmica do "ser" (ver *Parm.* B8.38b-41).

Portanto, o respeito pela unidade semântica de *einai*, em particular, em contextos filosoficamente relevantes atesta o erro das traduções que, pelo fato de separarem a leitura existencial do verbo grego, cancelam todas as outras (nomeadamente, as identitativa e veritativa: "as coisas como são", "as coisas são assim").

Ora, esta opção não é boa, pois exporta para os textos um problema que lá não está — o da existência —, anulando a percepção daquele que repetidamente reaparece nos diálogos platônicos, como temos visto: o do conflito entre identidade e predicação. Se um ente é "aquilo que é", como pode receber um predicado ao qual não é idêntico[116]?

Todavia, se, para corrigir esse erro, o intérprete recalca a leitura existencial, para permitir a fusão das outras, obriga-se a justificar o cancelamento da negação[117] em pares não-excludentes. Pois, enquanto "existência"/ "inexistência" e "verdade"/ "falsidade" são contraditórios, na identidade e na predicação, a relação entre os pares é de alteridade[118], admitindo termos cancelados pela alternativa. Nesse caso, a negação será interdita não por afirmar a "inexistência", mas por impedir a referência à entidade nomeada.

Já quanto à definição das leituras de *einai* que se encontram no Poema, é notório o desacordo dos intérpretes. Mas será essencial chegar a um consenso sobre a interpretação de cada ocorrência do verbo? Cremos que não, pois, mais importante do que ser capaz de discernir os sentidos que o verbo acumula, em cada nova aparição, será constatar que nele coexistem, inseparáveis.

Vai nesse sentido a proposta aqui apresentada. As características salientes do verbo "ser" em grego clássico são:

---

116. Ao contrário, se o predicado é idêntico ao sujeito, toda a predicação se reduz à identidade (ver *Sof.* 251b-c).

117. No caso da leitura existencial, a proibição de 7.1 seria lida como: "não dirás que existem coisas que não existem".

118. Nas proposições "A é B", ou "A = B", "~ B" é diferente de "B" e não contraditório com ele, como Platão argumenta no *Sofista*.

1. a ambigüidade de seu campo semântico, expressa na pluralidade de leituras que os textos documentam, em contextos muito relevantes, do ponto de vista filosófico;
2. a impossibilidade de *separar* essas leituras, na interpretação dos textos, quando não já em sua tradução.

Em particular, a segunda nota merece a maior atenção, pelo fato de exprimir a mais significativa diferença do verbo "ser" em seus usos correntes, hoje e na Grécia clássica. Descontando a especificidade do verbo "existir" para qualificar a leitura existencial, também o verbo "ser", em português ou em qualquer outra língua européia, é polissêmico. A diferença gritante em relação ao verbo grego reside no fato de as diversas leituras do verbo serem separáveis e inconfundíveis por todos. É claro que nenhum falante e pensante normal pode hoje aceitar e confundir-se com argumentos como os de Eutidemo antes citados.

Pois ninguém suporá que a atribuição de um predicado a um sujeito implique de alguma maneira a identidade de um com o outro. Ou que dizer uma verdade acarrete afirmar a existência da entidade da qual a alegada verdade é afirmada. Ora, tudo isto é natural porque as leituras predicativa, identitativa e veritativa se acham separadas na mente do sujeito.

É a constatação desta inseparabilidade em muitos textos filosóficos da Grécia clássica que sugere avançar a hipótese de que o ser eleático é uma entidade cuja natureza reflete ou é refletida pela unidade interna da gama dos sentidos do termo que a refere. De acordo com essa unidade, a constituição do ser como uma entidade una, imutável, perfeita e eterna pode ser explicada pela reificação dos sentidos presentes no verbo grego, fundidos na referência a um significante abrangente[119].

Portanto, afirmar "é" equivale a fazer convergir no ser a multiplicidade de sentidos que o verbo inseparavelmente condensa, enquanto a mera consideração de algo que "não é" evidencia a insanável contradição decorrente de sua incognoscibilidade e indeclarabilidade (2.5-8, 8.8-9, 8.16b-18a, 8.34-36a). Como dissemos, é dela que resulta a erradicação da via negativa, reafirmada em 8.15b-18a, a qual, por contaminação, afetará ainda a outra via (6.3-4), na qual "vagueiam os mortais, que nada sabem"

---

119. Com alguma plausibilidade, se a atitude perante o comportamento do verbo fosse uma criação de Parmênides, seria mais difícil explicar o efeito que exerce na tradição e, como os diálogos platônicos atestam, na generalidade dos gregos. Esta conjectura oferece a vantagem de explicar a relevância crescente que a questão da unidade assumirá em Zenão, Platão e Aristóteles (para quem Parmênides é acima de tudo um "monista e imobilista" [*Fís.* A2, 184b15 ss., *Met.* A3, 984a31, *Da Ger. Cor.*, A8, 325a3-4]).

(6.4-5a), "forçados" pelo costume a pensar e dizer aquilo que os sentidos lhes mostram (7.3-5a).

Terminada a fase refutativa do argumento (frgs. 2-7), a enumeração dos "sinais do ser" exibe a gama dos sentidos de *einai*, cuja proverbial ambigüidade será atacada por Platão no *Sofista*, vindo ainda a ser rejeitada por Aristóteles em sua tese de que o ser "se diz de muitas maneiras" (*Fís.* A185a22 passim; ver *Met.* Δ7, 1017a22-35, e, em relação ao bem, *EN* A6, 1096a24-28 passim).

Platão

Tal como em Parmênides, em Platão a inseparabilidade das leituras de *einai* acha-se expressa num conjunto de fórmulas. Neste caso, porém, são em número tão elevado e recorrem em tantos passos capitais dos diálogos que aquilo que no pré-socrático provoca divergências de interpretação gera, em Platão, inexplicáveis enigmas.

O exemplo mais notável é o do dualismo, no qual o inteligível — as Formas — vem caracterizado por uma série de expressões pleonásticas que revelam a acumulação de sentidos "fundidos", inseparáveis, ao mesmo tempo, do ser e do verbo "ser", como: *ousia ontôs ousa* (*Fedr.* 247c; *ontôs onti, Tim.* 51), o reforço *ho estin* (*Féd.* 74d passim), o recurso a fórmulas adverbiais (*pantelôs on, gnôston: Rep.* V 477a; *pantelei zôiôi: Tim.* 31b), além do jogo do substantivo *ousia* com as formas participiais (*ousa*).

Para além da diversidade das versões com que os tradutores as acolhem — "ser", "essência", "entidade", "existência" etc. —, é mister reconhecer que poderão exprimir a acumulação das diversas leituras do verbo "ser" de que o filósofo se apercebe, mas que não se mostra capaz nem de separar, nem de distinguir. Tamanha complexidade, habitualmente descontada pelo proverbial gosto de Platão pela linguagem poética, é adensada pelo recurso a metáforas e analogias, nas quais se intromete ainda a ocasional, mas não irrelevante, manifestação da verdade[120].

A possibilidade a que estamos acenando é então a de todas essas cons-

---

120. A qual assinalará a presença do sentido veritativo do verbo "ser", transferido para a Forma, através da identificação automática, na versão canônica da TF, do ser com as Formas. Ver nosso comentário final à analogia do Sol na *Rep.* VI 508e-509b. Afirmar que a verdade é o análogo inteligível da luz solar é encará-la como o meio no qual as Formas e suas relações se acham fixadas, tomando-a como uma dimensão do ser. Colocar acima do saber e da verdade a Forma do bem equivale a assumi-la como causa da estruturação da ordem inteligível, fixando os atributos formais — imutabilidade, perfeição, eternidade — de cada Forma (ver G. X. SANTAS, The Form of the Good in Plato's *Republic*, in Gail FINE (ed.), *Plato 1*, Oxford, 1999, 247-274).

tituírem sintomas da fusão dos sentidos, por um lado, do ser, por outro, de leituras do verbo "ser", que o grego platônico, da versão canônica da teoria das Formas, se mostra capaz de desambigüizar.

Vejam-se dois passos do *Timeu* acima citados:

> O que é que sempre é e não tem geração (*genesin*)? E o que é que está sempre a nascer e nunca é? Uma é apreensível pelo pensamento racional (*noêsei meta logou*), sendo sempre; enquanto a outra é pelo contrário opinável (*doxaston*) pela crença sensível e irracional (*met'aisthêseôs alogou*), sendo gerada e perecendo e nunca sendo realmente (*ontôs oudepote on*) (27d-28a).

> ... o ser que é, em auxílio do qual vem o rigor do argumento verdadeiro, pelo qual, enquanto uma coisa é uma e outra é outra, nenhuma delas de algum modo se gerará noutra, de modo a devir ao mesmo tempo uma e duas (52c-d).

Há dois pontos complementares a sublinhar. Se, por um lado, os constantes reforços — "que é", "que é aquilo que é" — podem ser explicados pela fusão dos sentidos do verbo, por outro a intromissão da existência na tradução do texto retira sentido não apenas às repetições, mas ao próprio dualismo.

Ao sustentar que "o que sempre é e não tem geração" "é sempre", o texto afirma *simultaneamente* a eternidade, a imutabilidade e a existência do ser, a qual, só ela, é apreensível pelo pensamento racional. Pelo contrário, "o que está sempre a nascer e nunca é" só pode ser temporário e mutável, sendo percebido pela crença sensível e irracional. As fórmulas expressam a essência do dualismo: só "é" (existe e é verdade) aquilo que "é aquilo que é" (identidade), enquanto aquilo que muda "não é" (identidade, verdade, existência).

Ora, se traduzimos "é" por "existe", não só cancelamos os outros sentidos *do texto platônico* (em particular, a identidade), tornando o argumento inacessível ao leitor, como, por coerência, nos obrigamos a renunciar ao ser, uma vez que a agregação da existência ao ser a converte em predicado.

Se assim procedemos, oneramos Platão com uma metafísica dogmática e paradoxal, pois não só não se percebe a razão pela qual só ao ser é conferida a existência, como ainda se torna incompreensível negar existência precisamente aos seres que povoam o mundo em que vivemos.

Bibliografia

1. Fontes

Aristóteles

The Works of Aristotle, translated into English under the editorship of W. D. Ross, I-XII, Oxford,1908-1913 (*The Complete Works of Aristotle. The Revised Oxford Translation,* I-II, Edited by J. Barnes, Princeton, 1984.

Edições comentadas e traduções:
Categories and De Interpretatione. Transl. with notes by J. L. Ackrill, Oxford, 1974.
Catégories. Trad. nouvelle et notes par J. Tricot, Paris, 1966.
Metafísica, Ed. trilingüe de V. Garcia Yebra, Madrid, 1970.
La métaphysique I-II, nouvelle ed. entierement refondue, avec commentaire, par J.Tricot, Paris, 1964.
Étique a Nicomaque. Trad. nouvelle, notes par J. Tricot, Paris, 1959.

Parmênides

Parmênides, *Da natureza*, Tradução, introdução, comentário e notas de J. T. Santos, São Paulo, 2003.
A. H. Coxon, *The Fragments of Parmenides*, Assen, 1986.

Platão

Platonis Opera. Ed. I. Burnet. I-V, Oxford, 1900-1907.
Oeuvres complétes, I-XIV, Paris, Les Belles Lettres, 1920-1964.
Plato I-XIII, transl. by W. R. M. Lamb, H. N. Fowler, P. Shorey, R. G. Bury, Loeb Classical Library, London, Cambridge (Mass.), 1914-1935.

Traduções portuguesas:
Êutifron, Apologia de Sócrates. Críton, Trad., introd., notas e posfácio de J. T. Santos, Lisboa, ⁵2007.
A República. Trad., introd. e notas de M. H. da Rocha Pereira, Lisboa, ⁶1990.
Crátilo, Trad. de Maria José Figueiredo, "Introdução" de J. T. Santos, Lisboa, 2001.
Eutidemo, Lisboa, 1999 (tradução, introdução e notas de Adriana Nogueira).
Fédon, Trad., introd. e notas de M. T. S. Azevedo, Coimbra, ²1988.
Mênon, Trad. e notas de E. R. Gomes, Introd. de J. T. Santos, Lisboa, ³1994.
Górgias. O Banquete. Fedro. Trad. introd. e notas de M. O. Pulquério, M. T. S. Azevedo e J. R. Ferreira, Lisboa, 1973.
O Banquete, Trad., introd. e notas de M. T. S. Azevedo, Lisboa, ²1991.
Teeteto, Lisboa, 2005 (tradução de A. Nogueira e M. Boeri, "Introdução" de J. T. Santos).
Timeu, Trad. de Maria José Figueiredo, "Introdução" de J. T. Santos, Lisboa, 2004.

Outras edições, traduções e comentários:
Phaedo, Translation with notes by D. Gallop, Oxford, 1975.
Plato's Phaedo, Transl. and notes by D. Bostock, Oxford, 1987.
The Theaetetus of Plato, With a translation by M. J. Levett revised by M. Burnyeat, Indianapolis, 1990.
Parménide, Trad. introd. et notes par Luc Brisson, Paris, 1994.
Platone, La Repubblica I, Trad. e coment. M. Vegetti, Napoli, 1998.

2. Livros

a) Índices, obras genéricas e Histórias da Filosofia

AST, L. *Lexicon platonicum, sive vocum platonicarum index* I-III, Darmstadt, 1956 (1ª ed. 1835-1838).
BRANDWOOD, L. *A Word Index to Plato*, Leeds 1976.
GUTHRIE, W. K. C. *A History of Greek Philosophy* I-VI, Cambridge, 1962-1978.
HAMMOND, N. G. L., SCULLARD, H. H. (eds.), *The Oxford Classical Dictionary*, Oxford, ²1969.
DIELS, H., KRANZ, W. *Die Fragmente der Vorskratiker*, Berlin ⁶1954.

KIRK, G. S., RAVEN, J. E. *The Presocratic Philosophers, A Critical History with a Selection of Texts*, Cambridge, 1957.

b) Antologias e coletâneas de estudos

ALLEN, R. E. (ed.), *Studies in Plato's Metaphysics*, London, 1965.
ANTON, J., KUSTAS, G. (ed.), *Essays in Ancient Greek Philosophy* I, Albany, 1971.
BAMBROUGH, R. *New Essays in Plato and Aristotle*, London, Henley, 1965.
CALVO, Tomás, BRISSON, Luc (eds.), *Interpreting the Timaeus-Critias*, Sankt Augustin, 1997.
CHERNISS, H., *Collected Papers*, TARÁN, L. (ed.), Leiden, 1977.
EVERSON, Stephen (ed.), *Language*, Cambridge, 1997.
FINE, G. (ed.), *Plato I, Metaphysics and Epistemology*, Oxford, 1999.
GRISWOLD Jr., C. L. (ed.), *Platonic Writings, Platonic Readings*, New York, London, 1988.
HINTIKKA, J., *Knowledge and the Known. Historical Perspectives in Epistemology*, Dordrecht/Boston, 1974.
KRAUT, R. (ed.), *The Cambridge Companionto Plato*, Cambridge, 1992.
LEE, E. N., MOURELATOS, A. P. D., RORTY, R. M., *Exegesis and Argument. Studies in Greek Philosophy presented to Gregory Vlastos*, Assen 1973.
MORAVCSIK, J. M. E. (ed.), *Patterns in Plato's Thought*, Dordrecht, Boston, 1973.
MOURELATOS, A. P. D. (ed.), *The Presocratics. A collection of critical essays*, Garden City, N. Y. 1974.
OWEN, G. E. L., *Logic, Science and Dialectic. Collected Papers in Greek Philosophy*. Ithaca, New York, 1986.
ROSSETTI, L. (ed.), *Understanding the Phaedrus*, Sankt Augustin, 1992.
SANTOS, J. T. (org.), *Anamnese e saber*, Lisboa, 1999.
SHINER, R. A., KING-FARLOW, J. (eds.), *New Essays in Plato and the Pre-Socratics*, Guelph, 1976.
VLASTOS, G. (ed.), *Plato. A Colection of Critical Essays*, I-II, Berryville (Virginia), 1971.
_____, *Platonic Studies*, Princeton, 1973.
VOGEL, C. J. de *Rethinking Plato and Platonism*, Leiden, 1986.
WERKMEISTER, W. H. (ed.), *Facets of Plato's Philosophy*, Assen, 1976.

c) Livros

ALLEN, R. E. *Plato's Euthyphro and the Earlier Theory of Forms*, London, 1970.
CHANCE, T. *Plato's "Euthydemus"*. Analysis of What Is and Is Not Philosophy, Berkeley/Los Angeles, 1992.

CHERNISS, H. *Aristotle's Criticism of Plato and the Academy*, Baltimore, 1944.
_____, *The Riddle of the Ancient Academy*, California U.P., 1945.
CORNFORD, F. M. *Principium Sapientiae. The Origins of Greek Philosophical Thought.* Cambridge, 1952 (trad. port. Lisboa, 1975).
CROSS, R. C., WOOZLEY, A. D. *Plato's Republic, A Philosophical Commentary*, London, 1964.
DAY, Jane M. (ed.), *Plato's Meno in Focus*, London/New York, 1994, 150; 93-97.
DENYER, N. *Language, Thought and Falsehood in Ancient Greek Philosophy*, London, 1990.
DIXSAUT, M. *Le naturel philosophe*, Paris, ^{3}2001; ed. ital.: *La natura filosofica*, Napoli, 2003.
FODOR, J. A. *Concepts*, Oxford, 1998.
GOLDSCHMIDT, V. *Les dialogues de Platon*, Paris, 1947.
HAVELOCK, E. A. *Preface to Plato*, Oxford, 1963.
_____, *The Greek Concept of Justice. From its Shadow in Homer to its Substance in Plato*, Cambridge (Mass.), 1978.
_____, *The Literate Revolution in Greece and its Cultural Consequences*, Princeton, 1982.
_____, *The Muse Learns to Write, Reflections on Orality and Literacy from Antiquity to the Present*, New Haven and London, 1986 (trad. port.: *A Musa aprende a escrever*, Lisboa, 1995).
HAWTREY, R. S. W. *Commentary on Plato's* Euthydemus, Philadelphia, 1981.
IRWIN, T. *Plato's Moral Theory*, Oxford, 1977.
_____, *Plato's Ethics*, New York/Oxford, 1995.
LLEDÓ, E. *La memoria del Logos*, Madrid, ^{2}1990.
LLOYD, G. E. R. *Magic, Reason and Experience*, Cambridge, 1979.
LUTOSLAWSKI, W. *The Origin and Growth of Plato's Logic*, London, 1897.
PEREIRA, M. H. R. *Estudos de História da Cultura Clássica* I, Lisboa, ^{4}1975.
PRIOR, W. J. *Unity and Development in Plato's Metaphysics*, London, Sydney, 1985.
ROBINSON, R. *Plato's Earlier Dialectic*, Oxford, 1953.
ROOCHNIK, D. *The Tragedy of Reason, Toward a Platonic Conception of* Logos, London, 1991.
ROSS, W. D. *Plato's Theory of Ideas*, Oxford, 1951.
RYLE, G. *Plato's Progress*, London, 1951.
SANTOS, J. T. *Saber e Formas. Estudo de Filosofia da Linguagem no* Êutifron *de Platão*, Lisboa, 1987.
SCOLNICOV, S. *Plato's Metaphysics of Education*, London/New York, 1988.
SCOTT, D. *Recollection and Experience*, Cambridge, 1995.
SHOREY, P. *The Unity of Plato's Thought*, Chicago, 1903.
_____, *What Plato Said*, Chicago, 1933.
SCHLEIERMACHER, L. *Platons Werke*, Berlin, 1807-1828.

SPRAGUE, R. K. *Plato's Use of Fallacy*: A study on the *Euthydemus* and some other Dialogues, London, 1962.
THESLEFF, H. *Studies in Platonic Chronology*, Helsinki, 1982.
TIGERSTEDT, E. N. *The Decline and Fall of the Neoplatonic Interpretation of Plato*, Stockholm, 1974.
_____, *Interpreting Plato*, Stockholm, 1977.

3. Artigos

BOSTOCK, D. Plato on Understanding Language, in EVERSON, Stephen (ed.), *Language,* Cambridge, 10-24.
BRISSON, L. La réminiscence dans le *Mênon* (80e-81e) et son arrière plan réligieux, in SANTOS, J. T. (org.), *Anamnese e saber*, Lisboa, 1998, 23-61.
CASERTANO, G. Anamnesi, Idea e Nome, in *Anamnese e saber*, 109-172.
CHERNISS, H. The Philosophical Economy of the Theory of Ideas, in ALLEN, R. E. (ed.), *Studies in Plato's Metaphysics*, London, 1965, 1-12.
_____, The Relation of the *Timaeus* to Plato's Later Dialogues, in ALLEN, R. E. (ed.), *Studies in Plato's Metaphysic*, London, 1965, 339-378.
DIMAS, P. True Belief in the *Meno*, *OSAPh* XIV, Oxford (1996) 23-29.
FINE, G. Knowledge and Belief in the *Republic* V, *Archiv für Geschichte der Philosophie* LX (1978) 121-139.
HINTIKKA, J. Knowledge and its Objects in Plato, in *Patterns in Plato's Thought*, 1-30.
KANAYAMA, Y. Perceiving, Considering, and Attaining Being (*Theaetetus* 184-186), *OSAPh* V, Oxford [1987] 29-82.
NEHAMAS, A. Meno's Paradox and Socrates as a Teacher, in *Oxford Studies in Ancient Philosophy* III, Oxford, 1986, 22-30.
_____, *Epistêmê* and *Logos* in Plato's Later Thought, *Archiv für Geschichte der Philosophie* LXVI (1984) 11-36.
OWEN, G. The Place of the *Timaeus* in Plato's Dialogues, in ALLEN, R. E. (ed.), *Studies in Plato's Metaphysic*, London, 1965, 313-338.
RYLE, G. Plato's Parmenides, in ALLEN, R. E. (ed.), *Studies in Plato's Metaphysics*, London, 1965, 97-148.
_____, Logical Atomism in Plato's *Theaetetus*, *Phronesis* 35 (1990) 21-46.
SANTAS, G. X. The Form of the Good in Plato's *Republic*, in FINE, Gail (ed.), *Plato 1*, Oxford, 1999, 247-274.
SANTOS, J. T. A função da alma na percepção, nos diálogos platônicos, *Hypnos* 13, São Paulo (2004) 27-38.
_____,Sujeito epistêmico, sujeito psíquico, *Princípios* 11, n°s 15-16, Natal, 2004, 65-82.

_____, La struttura dialogica del *Menone:* una lettura retroattiva, in CASERTANO, G. (a cura di), *La struttura del dialogo platonico*, Napoli, 2000, 35-50.
_____, Platão, o Amor e a retórica, *Philosophica* 9, Lisboa (1997) 59-76.
_____, "Vida" y conceptos relacionados en el relato platônico de la creación: *Tim.* 27d-58c, *Cuadernos de Filosofia*, Buenos Aires (1997) 9-16.
_____, Platão e a escolha do diálogo como meio de criação filosófica, *Humanitas* XVI, Coimbra (1994) 163-176.
TARÁN, L. The Creation Myth in Plato' *Timaeus*, in ANTON, J., KUSTAS, G. (eds.), *Essays in Ancient Greek Philosophy* I, Albany, 1971, 372-407.
VALLEJO, A. No, It's not a Fiction, in CALVO, Tomás, BRISSON, Luc (eds.), *Interpreting the Timaeus-Critias*, Sankt Augustin, 1997, 141-148.
VLASTOS, G. Anamnesis in the *Meno*, in DAY, Jane M. (ed.), *Plato's Meno in Focus*, London/New York, 1994, 150; 93-97.
_____, Degrees of Reality in Plato, *Platonic Studies*, 58-75.
_____, Reasons and Causes in the *Phaedo*, in *Platonic Studies*, 76-110.
WHITE, N. P. Plato's Metaphysical Epistemology, in *The Cambridge Companion to Plato*, Cambridge, 1992, 277-310.

Índice onomástico

ALLEN, R. E.
25, N.5; 108, N. 110

ANAXIMANDRO
69, N. 18 (DK12B1, DK12A9)

ANTON, J. P., KUSTAS, G. 104, N. 103

ARISTÓTELES
12; 19 (DA INT. 1, SEG AN. B19); 21; 56 (SEG. AN. A18); 57 (DA ALMA, CAT.); 69, N. 19 (MET. A3, ÉT. NIC. A1); 77, N. 38 (DA ALMA B1); 90, N. 71 (MET. A6, 9); 114, N. 119 (FÍS. A2; MET. A3; GER. E CORR. A8)

BOSTOCK, D.
27, n. 12; 31, n. 19; 33, n. 25; 53, n. 64

BRISSON, L.
23, n. 1

CALVO, T. e BRISSON, L. 95, n. 86; 104, n. 103

CÍCERO
68, n. 16 (Tusculanas V4, 10; Acadêmicos I4; Brutus 8, 31)

CHERNISS, H.
54, n. 65, 66; 104, n. 103

CROSS AND WOOZLEY
85, n. 57

DAY, J.
39, n. 37

DIMAS, P.
39, n. 37

DIXSAUT, M.
41, n. 40

S. EVERSON
27, n. 12

FERREIRA, J. R.
42, n. 43

FIGUEIREDO, M. J.
112, n. 113

FINE, G.
79, n. 43; 80, n. 45; 90, n. 69; 115, n. 120

FODOR, J.
56, n. 68

FREGE, G.
30, n. 17

GIL, J.
105, n. 104

HINTIKKA, J.
79, n. 43

KANAYAMA, Y.
47, n. 54

KANT, I.
105, n. 104 (Sobre o primeiro fundamento das regiões do espaço)

LLEDÓ, E.
37, n. 34

MELISSO
102, n. 100 (DK30B8)

NEHAMAS, A.
37, n. 32

OWEN, G.
53-54, n. 65, n. 66

PARMÊNIDES
79, n. 42 (DK28B6, 7)

PETITOT, J.
105, n. 104

RYLE, G.
25

SANTAS, G. X.
90, n. 69; 115, n. 120

SANTOS, J. T.
23, n. 1; 30, n. 16; 45, n. 52; 53, n. 64; 95, n. 86; 104, n. 103

SCHIAPPA DE AZEVEDO, M. T.
25, n. 7; 50, n. 60

SCOLNICOV, S.
86, n. 58

SCOTT, D.
35, 29; 37, n. 32

SIMPLÍCIO
69, n. 18 (in Phys. 24, 13)

TARÁN, L.
104, n. 103

VALLEJO, A.
95, n. 86; 194, n. 103

VLASTOS, G.
39, n. 37; 64, n. 8; 68, n. 17; 81, n. 48; 100, n. 97

WHITE, N. P.
27, n. 11

ZENÃO
114, n. 119

Este livro foi composto nas famílias tipográficas
Athenian, Geometric, Rusticana e *Times New Roman*
e impresso em papel *Offset 75g/m²*

Edições Loyola

editoração impressão acabamento
rua 1822 n° 347
04216-000 são paulo sp
T 55 11 2914 1922
F 55 11 2063 4275
www.loyola.com.br